¡En esto creemos!

¡En esto creemos!

MEDITACIONES SOBRE EL CREDO DE LOS APÓSTOLES

Timothy C. Tennent

Paperback ISBN: 978-1-62824-012-2
Mobipocket ISBN: 978-1-62824-013-9
ePub ISBN: 978-1-62824-014-6
PDF ISBN: 978-1-62824-015-3
Spanish Edition ISBN: 978-1-62824-016-0

Diseño de portada por Haley Hill

Diseño de las páginas por Haley Hill y Kristin Goble

SEEDBED PUBLISHING
Sowing for a Great Awakening
204 N. Lexington Avenue, Wilmore, Kentucky 40390
www.seedbed.com

¡Dedicado a todos los alumnos graduados del Seminario Teológico Asbury quienes día a día proclaman fielmente el evangelio por todo el mundo!

Contenido

El Credo de los Apóstoles

Creo en Dios, Padre Todopoderoso,
creador del cielo y de la tierra,
y *[creo]* en Jesucristo, su único Hijo, Señor nuestro,
que fue concebido del Espíritu Santo,
nació de la virgen María,
padeció bajo el poder de Poncio Pilato;
fue crucificado, muerto y sepultado.
Descendió a los muertos.
Al tercer día resucitó de entre los muertos;
ascendió al cielo y está sentado a la diestra de Dios Padre todopoderoso,
de donde vendrá a juzgar a los vivos y a los muertos.
Creo en el Espíritu Santo,
la santa Iglesia católica,
la comunión de los santos,
el perdón de los pecados, la resurrección del cuerpo
y la vida perdurable.

Introducción

Uno de los grandes privilegios de prestar servicio como Presidente del Seminario Teológico Asbury es viajar por todo el país para encontrarme con alumnos graduados y amigos. Tengo la oportunidad de conocer a cientos de personas cada año. Durante los últimos dos años he visto cuán hambriento está el pueblo de Dios de que se les enseñe la Palabra de Dios y conocer las enseñanzas fundamentales de la fe cristiana. A lo largo de la historia, el pueblo de Dios ha querido resúmenes claros de la fe, de tal manera que puedan tener claridad sobre las verdades esenciales del cristianismo. Conocidos como manuales de catequesis, estos resúmenes fueron usados para desarrollar guías de capacitación espiritual para niños y nuevos creyentes. La palabra catequesis viene de la misma raíz de donde obtenemos la palabra moderna eco. La idea es que nosotros transmitimos la fe y aquellos que la reciben hacen eco de ella. Esto significa que podrán repetírnosla tal y como la escucharon. Así, la palabra catequesis refuerza simultáneamente verdades gemelas: lo sagrado del mensaje apostólico y una advertencia contra aquellos que son tentados a reconstruir la fe para amoldarse a los pareceres modernos o a las últimas corrientes culturales.

Estas guías primitivas de capacitación se basaban frecuentemente en pasajes con carácter de resumen como los Diez Mandamientos, el Sermón del Monte y el Credo de los Apóstoles. De hecho, a lo largo de la historia de la Iglesia, los cristianos han reconocido que no hay mejor resumen de la fe cristiana que el Credo de los Apóstoles. Por muchos siglos la Iglesia ha usado el Credo de los Apóstoles como la guía básica para instruir a los creyentes en la fe. De igual manera, millones de padres y madres, abuelos y abuelas por todo el mundo han usado el Credo de los Apóstoles como la guía básica para instruir en la fe a sus hijos, hijas, nietos y nietas.

Estos devocionales están dedicados a explorar el Credo de los Apóstoles, el cual contiene las doce afirmaciones más básicas de la fe cristiana. Si lee estos devocionales cuidadosamente, será renovado en su fe y estará mejor equipado para compartir su fe con sus amigos y vecinos. También podrá enseñar más efectivamente la fe a otras personas.

Una de las maravillosas características del Credo de los Apóstoles es que solo utiliza lenguaje tomado directamente de las Escrituras. Por lo tanto, estoy incluyendo debajo de cada frase algunas lecturas sugeridas. Esta particularidad hace posible que el libro pueda ser usado para el devocional personal, así como también en grupos pequeños de estudio o en la escuela dominical, ya que he recibido cartas de muchos de ustedes de que mis libros de devocionales anuales están siendo usados en esos entornos. También, al igual que con mis dos libros anteriores de devocionales, Word Made Flesh [El Verbo se hizo carne] y Christ the Fulfillment [Cristo el Cumplimiento], cada capítulo concluye con un estrofa escrita por Julie Tennent, han sido luego reunidos en la forma de un himno completo al final del libro. El himno nos recuerda que todo aprendizaje y crecimiento en la fe cristiana debe de conducirnos en última instancia a la adoración.

Un credo es una declaración histórica de la fe cristiana. El propósito de un credo es proporcionar un resumen breve y claro de la fe cristiana. Hay dos credos en la historia de la Iglesia que han sido aceptados virtualmente por todos los cristianos en todo lugar. Estos dos credos son conocidos como el Credo de los Apóstoles y el Credo Niceno. El Credo de los Apóstoles es el más corto y antiguo de los dos. El Credo de los Apóstoles no fue escrito en realidad por los doce apóstoles, sino que se basa en una versión muy primitiva conocida como el Símbolo Romano o Credo Romano que data del segundo siglo. Es llamado Credo de los Apóstoles porque refleja la fe de los apóstoles y está organizado en doce declaraciones, una por cada uno de los doce discípulos. Una antigua tradición dice que cada uno de los apóstoles contribuyó con una de las afirmaciones de la fe apostólica. Más tarde, estas doce afirmaciones fueron reunidas para formar lo que ahora conocemos como el Credo de los Apóstoles.

Estas doce declaraciones son:

1. Creo en Dios Padre Todopoderoso, creador del cielo y de la tierra,
2. y en Jesucristo, su único Hijo, Señor nuestro,
3. que fue concebido del Espíritu Santo, nació de la virgen María,

4. padeció bajo el poder de Poncio Pilato, fue crucificado, muerto y sepultado.

5. Descendió a los muertos,

6. al tercer día resucitó de entre los muertos;

7. ascendió al cielo y está sentado a la diestra de Dios Padre todopoderoso,

8. de donde vendrá a juzgar a los vivos y a los muertos.

9. Creo en el Espíritu Santo,

10. la santa Iglesia católica, la comunión de los santos,

11. el perdón de los pecados,

12. la resurrección del cuerpo y la vida perdurable.

Aunque los Apóstoles en realidad no escribieron este credo, el mismo claramente refleja la fe de los Apóstoles. Desde tiempos antiguos, este credo (y el Credo Romano que lo precedió) fue usado para instruir a los nuevos creyentes antes de su bautismo en la Pascua. En el domingo de Pascua (o domingo de Resurrección) la Iglesia ponía en fila a las personas que habían pasado por un período de capacitación espiritual y hacía que confesaran públicamente su fe, así como lo hacemos hoy en día. Las doce declaraciones eran presentadas como preguntas. Por ejemplo, el líder preguntaba, "¿Cree en Dios Padre todopoderoso? ¿Cree que Él es creador de los cielos y de la tierra?" Los candidatos respondían, "Sí, en esto creemos". Esto continuaba con todas las doce afirmaciones y solamente entonces eran bautizados los candidatos como cristianos.

Por esta razón, he llamado a este devocional, *¡En esto creemos!* Quiero que recordemos la fe de los Apóstoles y seamos renovados en nuestra propia fe como cristianos. Juan Wesley era un maestro en discipular a los nuevos creyentes. La razón por la que originalmente fuimos llamados "Metodistas" es porque Wesley era muy bien conocido por tener un método particular para la capacitación de nuevos creyentes. Su método fue una combinación singular de formación en grupos pequeños, rendición personal de cuentas, adoración y aprendizaje doctrinal. Estamos agradecidos de que Juan Wesley tuvo la sabiduría para incluir el Credo de los Apóstoles en su propio "método" de formación espiritual. Esto es parte de nuestra herencia como cristianos y como metodistas. De tal manera que, ¡comencemos!

—Timothy C. Tennent

CAPÍTULO UNO

Creo en Dios Padre todopoderoso creador del cielo y de la tierra

Génesis 1:1, 49:25; Isaías 44:6; Juan 1:1–3; Hechos 14:15; Heb. 11:3

Note que todo el Credo está estructurado en torno a la Trinidad: Creo en Dios *Padre . . . y en Jesucristo . . . .* Creo en el *Espíritu Santo.* Cada parte del Credo comienza con una persona de la Trinidad y dice una o más frases sobre quién es Él en sí mismo y luego hace una o dos declaraciones sobre lo que Él ha hecho por nosotros. Es claro que el Credo ha sido cuidadosamente planeado y estructurado para el beneficio de la Iglesia.

Sin embargo, aún si no notáramos la estructura trinitaria global, debemos darnos cuenta de que se trata de una afirmación cristiana con la misma primera frase. Si el Credo hubiera dicho, "Creo en Dios todopoderoso, creador del cielo y de la tierra", podría ser un credo islámico (todo musulmán podría afirmar eso) o un credo judío (todo judío podría afirmar eso). La gran distinción en la misma primera frase es la afirmación de que Dios es *Padre.*

El Credo inicia con, "Creo en Dios *Padre* Todopoderoso". No simplemente enfatiza su poder, sino su ser todopoderoso. Más bien, Dios es afirmado, en primer lugar, como el *Padre* todopoderoso. Estamos aprendiendo algo desde el inicio sobre la naturaleza de Dios. Dios es un padre y, por lo tanto, no puede ser plenamente comprendido como una figura solitaria, sino como Uno que está en una relación. Dios tiene una comunión y relación íntima dentro de sí mismo, como Padre, Hijo y Espíritu Santo. Dios es eternamente el Padre del Señor Jesucristo.

Esto también significa que Dios puede ser nuestro padre celestial. Desea revelarse a nosotros. Desea conocernos. ¡Desea que nosotros experimentemos su gran amor! Recuerde cómo Jesús oraba en el Jardín del Getsemaní, "Abba, Padre . . .". Este es el lenguaje de la intimidad. El sonido o palabra *pa, papá* o *papi* es una de las primeras cosas que aprendemos a decir. Cuán apropiado es que, como hijos e hijas de Dios, cuando empezamos a aprender a hablar como cristianos, comenzamos con nuestras primeras palabras "cristianas" afirmando a Dios como *padre*. Afirmar a Dios como *padre* es el "alfabeto" de inicio de la fe cristiana. Con solo esta palabra podemos ya saber que Dios es una persona. Dios no es una fuerza voluble al otro extremo de la galaxia. No es el "Motor Inmóvil" de Aristóteles o el dios indefinido y genérico de los filósofos. Es un Dios personal. Es la personificación de la santidad, el amor y la justicia.

El Credo continúa afirmando que Dios es todopoderoso, dando a entender que es absolutamente omnipotente y que tiene todo poder. Esto significa que nada es demasiado difícil para Dios. Note la belleza y simetría en la confesión de Dios como *Padre* y como *Todopoderoso*. *Paternidad* denota amor, ternura, cuido y protección. Todopoderoso denota poder, fortaleza, autoridad y fuerza. Los dos se complementan de manera hermosa. Dios tiene todo poder, pero lo ejerce de tal manera que revela su amor y compasión por nosotros. En nuestra propia experiencia humana, el poder y la autoridad se vuelven elementos abusivos cuando no están arraigados en el amor y la compasión. Igualmente, el amor y la compasión, aunque sean sinceros, se pueden degradar en un mero sentimentalismo si no están acompañados de poder y autoridad. En Dios, estos atributos encuentran un balance y una armonía perfectos. Hoy día, líderes desinformados argumentan que no debemos llamar *padre* a Dios, porque algunas personas han tenido padres abusivos. Nos instan a reemplazar la palabra *padre* por la palabra *creador*. Sin embargo, la paternidad da testimonio de la misma naturaleza de Dios. La paternidad es lo que Dios es. La palabra *creador* se refiere a algo que Dios hace. No podemos confundir o sustituir ambas palabras. Una denota una relación personal; la otra comunica una función. De hecho, es aún más importante hoy día recordar la grandeza de Dios como padre, con el fin de ayudar a proporcionar la visión positiva de paternidad que muchos carecen.

El Credo continúa ahora para confesar que Dios, que es *Padre* y *Todopoderoso*, es también creador del cielo y de la tierra. A pesar del lenguaje de intimidad con el que inicia el Credo, nos damos cuenta, no obstante, que no estamos adorando una deidad tribal que solamente cuida de nuestro pequeño grupo. ¡Estamos siendo llevados a una relación con el Creador de todo el cosmos! Aquel que mediante la palabra hizo que el universo existiera, ahora nos llama por nombre.

Es verdaderamente maravilloso que el Credo de los Apóstoles inicie con una frase que resuena tan claramente con el versículo de apertura de la Biblia. Génesis 1:1 hace añicos la oscuridad al declarar, *"Dios, en el principio, creó los cielos y la tierra"*. Igualmente, el Credo de los Apóstoles hace añicos nuestra oscuridad al declarar que "creemos en Dios Padre Todopoderoso, creador del cielo y de la tierra".

El Credo de los Apóstoles no es tan solo una doctrina en la cual creer; es una verdad para celebrar. Los Salmos están llenos de alabanza a Dios porque es el Creador del universo. El Salmo 102: 25-26 declara, *"En el principio tú afirmaste la tierra, y los cielos son la obra de tus manos. Ellos perecerán, pero tú permaneces"*.

Piense en la fragilidad y transitoriedad de nuestras vidas comparadas con Dios, el Creador. El libro de Santiago dice muy seriamente en Santiago 4:14, *"¿Qué es su vida? Ustedes son como la niebla, que aparece por un momento y luego se desvanece"*. Santiago no está buscando rebajar, devaluar o desmoralizarle a usted o su vida. No obstante, desea que nos ubiquemos en la perspectiva correcta. Comparada con la vida de Dios, toda nuestra existencia es tan solo una niebla pasajera. Toda nuestra existencia depende completamente de Dios, quien es la fuente y sostén de toda vida. Este es el clamor de David en el Salmo 8:1, *"Oh Señor, soberano nuestro, ¡Qué imponente es tu nombre en toda la tierra!"*. El Salmo continúa diciendo, *"Cuando contemplo tus cielos, obra de tus dedos, la luna y las estrellas que allí fijaste, me pregunto: ¿qué es el hombre para que en él pienses? ¿Qué es el ser humano, para que lo tomes en cuenta?"* (8:3-4). Es verdaderamente sorprendente que Dios nos haya tomado a nosotros, que somos terrones de arcilla, y nos haya levantado como mayordomos de su gloriosa creación y, en última instancia, para gobernar y reinar con él por toda la eternidad. Para los cristianos, ser mayordomos de esta gloriosa creación va más allá de un mero ambientalismo. Somos llamados *a cuidar la creación*, lo cual significa vivir todas nuestras vidas en la presencia de Dios y, en humildad, tomar decisiones que evoquen que él es creador del cielo y de la tierra.

Para el cristiano, uno de los primeros pasos en la fe es aceptar por fe que Dios creó el universo. Recuerde las palabras de Hebreos 11:3: *"Por la fe entendemos que el universo fue formado por la palabra de Dios, de modo que lo visible no provino de lo que se ve"*.

En otras palabras, no creemos que la materia es eterna. Tuvo un comienzo. Dios habló e hizo que existiera por medio de su palabra poderosa. Ahora, aún los cosmólogos modernos han aceptado en su mayoría el hecho de que la materia no es eterna. Todo puede ser rastreado hasta el Big Bang donde, según ellos mismos han admitido, todas las leyes normales de la física se rompen completamente. Parece claro que los cosmólogos nunca podrán en realidad decir más que esto sobre el origen del cosmos. Podrán acercarse a la idea de un diseño inteligente detrás del Big Bang, pero nunca a la idea de "Dios Padre Todopoderoso". Solo podemos reconocer esto porque nos ha sido revelado, y lo aceptamos por medio de la fe. *"Por la fe entendemos que el universo fue formado por la palabra de Dios, de modo que lo visible no provino de lo que se ve"* (Heb. 11:3).

Este es el Dios de la Santa Escritura. El Creador todopoderoso nos ha llamado a establecer una relación con él. Mis hermanos y hermanas, asegúrense de que su fe esté puesta en este Dios que es el Señor y Rey del universo.

Cerciórense de estar confiando en Aquel que pronunció su Palabra, y la luna, las estrellas y los planetas ocuparon su lugar en obediencia a ella. Pongan su fe en el Señor, el Rey del universo, quien creó las montañas y los arroyos, las aves del cielo, las bestias del campo, los grandes peces del mar. Pongan su fe en el Señor, el Rey del universo, quien creó al hombre y a la mujer a su propia imagen, quien sopló en nosotros aliento de vida y nos llamó a una relación con él y los unos con los otros. El Credo de los Apóstoles nos llama a ver la mano guiadora y presencia de Dios detrás de todo el orden creado. El Credo de los Apóstoles le recuerda a la Iglesia directamente, en la misma puerta de la fe, que Dios no es nuestro capellán personal o sirviente celestial que cumple nuestras demandas. Dios no es alguien que podamos controlar o moldear a nuestra propia imagen. Dios no es una máquina divina expendedora de productos, en la que ponemos las palabras correctas y obtenemos las bendiciones prometidas. El Dios de la proclamación cristiana es el Dios que está en el trono. Es el Señor soberano. Es el Rey eterno. Alabado sea Dios, porque él es también nuestro padre celestial. Esto no se ha logrado nunca resumir más elocuentemente que en el Salmo 100:3: *"Reconozcan que el Señor es Dios; él nos hizo, y somos suyos. Somos su pueblo, ovejas de su prado"*.

Creo en nuestro Dios el Padre, fuente de infinito amor.
De la tierra y del cielo, es de todo el Hacedor.

CAPÍTULO DOS

Creo en Jesucristo, su único Hijo, Señor nuestro

Lucas 2:11; Juan 3:16, 20:28; Heb. 1:1–3

El Credo de los Apóstoles debe ser visto como un resumen conciso de toda la fe cristiana. Si tomáramos simbólicamente un recipiente hirviendo y le agregamos toda la enseñanza metodista, bautista, pentecostal y aún la católico-romana y la ortodoxa, y la hervimos hasta el punto de obtener unas cuantas frases básicas que resuman la fe cristiana en torno a lo que todo cristiano sobre el planeta estaría de acuerdo, entonces, al final obtendríamos el Credo de los Apóstoles. Cada palabra ha sido cuidadosamente escogida. Cada frase está plagada de significado. Cada pensamiento es teológicamente rico. El Credo de los Apóstoles es de utilidad a los cristianos de la misma forma que los Diez Mandamientos fue de utilidad al Pueblo de Dios en el Antiguo Testamento. Hay 613 leyes en el Antiguo Testamento y los Diez Mandamientos son la esencia que las resume. Más tarde, Jesús resumiría aún más la Ley en tan solo dos leyes: amar a Dios con todo el corazón, mente, alma y fuerza, y amar al prójimo como a sí mismo (Marcos 12:28-34). Estos son resúmenes antiguos de algo que es mucho más grande y mucho más complejo. Los cristianos creen y practican muchas cosas que no se encuentran en el Credo de los Apóstoles ni en los Diez Mandamientos. Sin embargo, estas dos grandes declaraciones resumidas nos recuerdan nuestra identidad esencial.

El devocional de hoy reflexiona sobre la frase: "y en Jesucristo, su único Hijo, Señor nuestro." Esta es la segunda frase del Credo de los Apóstoles. Esta frase va directo al meollo de quién es Jesús, aparte de lo que ha hecho por nosotros. Jesús es la figura central de la fe cristiana. De las doce afirmaciones del Credo de los Apóstoles, seis son acerca de Jesús. No podemos ser cristianos genuinos sin una clara comprensión de quién es Jesucristo. Este es el corazón mismo de la revelación del Nuevo Testamento. Todas las principales herejías a lo largo de la historia de la Iglesia—desde los Gnósticos y Arrianos de la antigua iglesia, hasta los Testigos de Jehová y los Mormones modernos—acaban desencadenando fuerzas que son destructivas para la fe cristiana porque se alzan en contra de la supremacía única de Jesucristo. Los Arrianos y los Testigos de Jehová modernos, enseñan que Jesús es un ser creado que no comparte la eternidad de Dios. Los Mormones niegan la singularidad de Dios, enseñando que todos nosotros podemos llegar a ser dioses. Los Gnósticos no creían que Dios alguna vez se dignaría a encarnarse en un ser humano. Aún los Protestantes liberales modernos desean mostrara Jesús solamente como un gran ejemplo moral o alguien a la par de otros grandes líderes religiosos, como Mahoma y Buda.

En cambio, las Escrituras declaran lo siguiente sobre Jesucristo: *"Dios, que muchas veces y de varias maneras habló a nuestros antepasados en otras épocas por medio de los profetas, en estos días finales nos ha hablado por medio de su Hijo"* (Heb. 1:1–2).

Según las Escrituras, todo el Antiguo Testamento estaba señalando y preparando la venida de nuestro Señor Jesucristo. En el pasado, hubo muchos profetas, sacerdotes y medios por los que Dios Padre se reveló a sí mismo, pero ahora todo ha culminado en la revelación de su Hijo, nuestro Señor Jesucristo. Jesús cumple la ley del Antiguo Testamento. Él cumple el sacerdocio judío. Él cumple el sistema de sacrificios. Jesús encarna totalmente la justicia de Dios. Todos los profetas apuntan hacia Jesucristo. De hecho, toda la revelación apunta hacia Jesucristo porque él es el "único Hijo" de Dios. Él es la segunda persona de la Trinidad: Padre, Hijo y Espíritu Santo. Hoy en día, algunas personas están haciendo un llamado a apartarse del lenguaje tradicional de la Trinidad—Padre, Hijo y Espíritu Santo—y dirigirse hacia el lenguaje neutral en cuanto al género, como por ejemplo, Creador, Redentor y Santificador. Hay dos razones principales por las que esta sugerencia ha sido sabiamente rechazada por la Iglesia. Primero, el lenguaje de "Padre, Hijo y Espíritu Santo" es tomado directamente de la Escritura que revela la naturaleza relacional de Dios. Si perdemos el lenguaje relacional que yace en el corazón del lenguaje de la Iglesia sobre el Dios Trino, entonces solo nos queda el dios abstracto de los filósofos o Alá (el Dios del Islam), que no tiene interés en revelarse a sí mismo, sino solo en declarar su voluntad. El lenguaje no relacional no debe ser usado para el Dios de la Escritura. Segundo, palabras como *"creador"*, *"redentor"* y *"santificador"* son palabras maravillosas, pero declaran lo que Dios ha hecho, no lo que Dios es. Las frases "Dios el Padre" y "Jesucristo, su único Hijo" están en el Credo porque confiesan lo que Dios es, no solo lo que Dios ha hecho. El Credo de los Apóstoles y, más tarde, el Credo Niceno siempre comienzan confesando quién es Dios antes de declarar lo que ha hecho. Debemos de regocijarnos y afirmar la belleza completa y poder de la frase "su único Hijo".

La última palabra de esta frase del Credo de los Apóstoles afirma que Jesús es "Señor nuestro". Esta es una afirmación de la deidad de Jesucristo. Ocasionalmente, escucharemos a escépticos modernos decir que las Escrituras nunca llaman explícitamente Dios a Jesús. Por lo tanto, la Iglesia no debería proclamar la deidad completa de Jesucristo. Nuestra respuesta a este señalamiento es indicar primeramente que hay cinco ocasiones en el Nuevo Testamento en donde realmente a Jesús se le llama *Dios* (Heb. 1:8; Rom. 9:5; Tito 2:13; 2 Pedro 1:1; Juan 20:28). Sin embargo, la deidad de Cristo no está determinada simplemente por estos pasajes que en el Nuevo Testamento lo llaman *Dios* o por las docenas de versículos que lo llaman *Señor*. Más bien, la deidad de Cristo es afirmada no solo por *títulos* divinos, sino mediante *acciones* divinas y *prerrogativas* divinas. Cuando Jesús resucita a Lázaro de la muerte y declara, *"Yo soy la resurrección y la vida"* (Juan 11:25), es una afirmación de su deidad aunque la palabra *"Dios"* no se usa específicamente. Cuando Jesús perdona pecados, aún sus oponentes comentan (Marcos 2:7), *"¿Quién puede perdonar pecados sino sólo Dios?"* Cuando Jesús recibe adoración, esto es un indicador poderoso de su deidad (Mat. 2:11, 14:33, 28:9, 17; Lucas 24:52; Juan 9:38; Heb. 1:6), aún si la palabra *"Dios"* o *"Señor"* no se usa explícitamente. La declaración de Jesús de que estaba con el Padre antes de la fundación del mundo (Juan 17:24) y que tiene toda autoridad y poder (Mateo 28:19), claramente indican su deidad. Colosenses 1:16 declara, *"porque por medio de él (Jesucristo) fueron creadas todas las cosas en el cielo y en la tierra, visibles e invisibles, sean tronos, poderes, principados o autoridades: todo ha sido creado por medio de él y para él"*. Note que este texto no solo declara que el mundo fue creado por medio de él, sino que toda la creación era para él, es decir, ¡para la manifestación de su gloria divina!

Hebreos 1:3 dice, *"El Hijo es el resplandor de la gloria de Dios, la fiel imagen de lo que él es, y el que sostiene todas las cosas con su palabra poderosa"*. La imagen aquí es la del sol haciendo resplandecer su gloria radiante, luz y vida sobre la tierra. Si el sol, que está en el centro de nuestro sistema solar, dejara de brillar, en ocho minutos la tierra estaría en oscuridad y en el término de unos pocos días nos sumergiríamos rápidamente en un congelamiento profundo que llevaría a la muerte. Diariamente el sol irradia a la tierra su calor, luz y energía necesaria para la vida. De la misma manera, Hebreos declara que Jesucristo es el resplandor de la gloria de Dios. Por medio de Jesucristo, Dios irradia su gloria y presencia a la tierra. Jesús es la imagen del Padre; lleva totalmente consigo lagloria y naturaleza del Padre. Jesús es la representación exacta del ser de Dios. Por esto Colosenses 1:19 declara: *"Porque a Dios le agradó habitar en él [Cristo] con toda su plenitud"*, y Colosenses 2:9 afirma: *"Toda la plenitud de la divinidad habita en forma corporal en Cristo"*. Jesús es plenamente Dios, el resplandor de la gloria de Dios, la representación exacta de su ser que creó el mundo y, luego, por medio de la encarnación, vino al mundo producto de su creación para redimirnos. Esto es lo que el Credo de los Apóstoles afirma cuando dice: "y en Jesucristo, su único Hijo, Señor nuestro". Jesús es el eterno Hijo de Dios y, mediante la encarnación, llegó a ser nuestro Señor y nuestro Salvador.

Creo en Jesús el Cristo, unigénito, eternal;
Señor, Salvador divino, suya es toda autoridad.

CAPÍTULO TRES

Que fue concebido del Espíritu Santo, nació de la virgen María

Lucas 1:26–27, 35

Desde la eternidad el Hijo está en el Padre y el Padre es uno con el Hijo. Sin embargo, en la plenitud de los tiempos, Dios envió al mundo a su Hijo (Gál. 4:4), la expresión y extensión de su resplandor, Palabra y gloria. Este es el gran misterio de la encarnación. El Credo de los Apóstoles declara: "que fue concebido del Espíritu Santo, nació de la Virgen María". El Dios eterno descendió de su trono, se vistió de humanidad y entró en nuestra historia. Debido a la Trinidad, Dios Padre continúa gobernando y rigiendo el universo, mientras que, Dios Hijo, nace en el mundo como el Verbo encarnado en Jesucristo. Aquel que había creado el mundo nace ahora en el mundo producto de su creación. Este misterio nos conduce a prestar reverencia y a rendir adoración. Recordemos las palabras de Carlos Wesley al reflexionar sobre el misterio de esta gran verdad:

"El Señor de los señores, el Ungido celestial, por salvar los pecadores vino al seno virginal. Gloria al Verbo encarnado, en humanidad velado; gloria al Santo de Israel, cuyo nombre es Emanuel".

Dios Hijo nació en el mundo y, aunque es el eterno Dios, se encarna y se hace hombre. Recuerde, el evangelio de Juan lo declara: *"Y el Verbo se hizo hombre y habitó entre nosotros"* (Juan 1:14). Ahora, como el Encarnado, es plenamente Dios y plenamente hombre. No es una mezcla de los dos. Jesucristo no es mitad Dios y mitad hombre. Es *totalmente* Dios y *totalmente* hombre, aunque unido en una persona. Este misterio es tan sorprendente, que las palabras difícilmente pueden describirlo. De hecho, algunos de los atributos de Dios son tan incompatibles con la humanidad, que Dios Hijo tuvo que suspender temporalmente el ejercicio de algunos de ellos (como la omnipresencia, es decir, estar en todo lugar al mismo tiempo). Jesús estuvo solamente en un lugar a la vez. El hecho de que Jesús tomara forma humana es un misterio tan sorprendente que el Apóstol Pablo, cuando describe a Jesús en el libro de Filipenses, irrumpe en un himno de alabanza:

Quien, siendo por naturaleza Dios,
no consideró el ser igual a Dios como algo a qué aferrarse.
Por el contrario, se rebajó voluntariamente, tomando la naturaleza de siervo
y haciéndose semejante a los seres humanos.
Y al manifestarse como hombre, se humilló a sí mismo (Fil. 2:5–8).

Una de las grandes novelas de la literatura inglesa es *El Príncipe y el Mendigo* de Mark Twain. La historia describe la vida del hijo del Rey Enrique VIII que era heredero al trono de Inglaterra. Conoció a un muchacho pobre y andrajoso en las calles de Londres del Este y se dieron cuenta que compartían un parecido sorprendente. Acordaron intercambiar sus ropajes. El Príncipe, futuro Rey de Inglaterra y heredero al trono, se fue a las calles de Londres vestido como el muchacho pobre y nadie lo reconoció. La gente lo golpeaba en la espalda y lo hacía a un lado, sin saber que se trataba de su heredero al trono.

De igual manera, el eterno Hijo de Dios se vistió de nuestra humanidad, caminó entre nosotros y la mayoría no lo reconoció. Juan 1:10, 12 dice: *"El que era la luz ya estaba en el mundo, y el mundo fue creado por medio de él, pero el mundo no lo reconoció . . . Más a cuantos lo recibieron, a los que creen en su nombre, les dio el derecho de ser hijos de Dios"*.

Dios Hijo fue concebido del Espíritu Santo, se vistió de humanidad en el vientre de María, una de las humildes siervas de Dios. Debemos siempre honrar a María como un maravilloso ejemplo de obediencia y sumisión a Dios. Su humildad y obediencia se recuerdan en virtud de que su nombre aparece en el Credo. El Credo hace referencia solamente a dos personas que vivieron en el primer siglo, María y Poncio Pilato. María es, por lo tanto, la única persona de fe que se hace notar en el Credo. En el próximo capítulo, hablaré más sobre la razón por la cual se menciona el nombre de Poncio Pilato. Sin embargo, el nombre de María parece recordarnos que la obediencia y la sumisión a Dios, no son cosas que ocurren solo en el ámbito enrarecido de los consejos celestiales, donde el Hijo de Dios accede a encarnarse y sufrir en nombre de la humanidad caída. Más bien, la obediencia de Jesús al Padre se refleja en la tierra en la obediencia de una joven judía campesina. De hecho, en la maravillosa providencia de Dios, los grandes temas de la salvación y la redención no se desarrollan en la tierra aparte de muchos pequeños hechos de obediencia y fidelidad de personas como usted y yo. Dios toma la iniciativa de redimir al mundo. Sin embargo, también elige hacerlo con la cooperación y participación de personas ordinarias. Es verdaderamente un punto impresionante de reflexión que la obediencia y la humildad del Hijo de Dios sean puestos lado a lado con la obediencia y humildad de María.

El Credo de los Apóstoles no establece simplemente que Jesús nació de María, sino que nació de la *virgen* María y fue *"concebido del Espíritu Santo"*. ¿Por qué fue necesario que Jesús naciera de una virgen y fuera concebido, no por un hombre, sino por el Espíritu Santo? ¿Por qué fue esto tan importante como para que se incluyera en el Credo, el cual en todo respecto, representa solo el núcleo central de la fe cristiana? La respuesta está arraigada en la necesidad de que Jesús fuera sin pecado. Según la Escritura, existen dos maneras en que somos declarados pecadores. Primero, somos declarados pecadores, muy obviamente, porque todos hemos cometido actos pecaminosos por medio de nuestros pensamientos, palabras y acciones. Hemos pecado por medio de lo que hemos hecho y por lo que hemos dejado de hacer. Sin embargo, en segundo lugar, también somos declarados pecadores porque heredamos la culpa del pecado de Adán en el Jardín del Edén. Cuando Adán se rebeló contra Dios en el Jardín, no solo actuaba por cuenta propia. Fue el *representante* que actuaba en nombre de toda la raza humana. Cuando Adán comió, todos fuimos arrastrados a esa rebelión. Adán tuvo una posibilidad real de elegir obedecer o desobedecer. Sin embargo, debido a que desobedeció, todos hemos sido arrojados a esta rebelión y nacemos con una naturaleza pecaminosa. Esto significa que tenemos una tendencia hacia el pecado y una inercia física y espiritual que nos lleva hacia la muerte. Todos los días, confirmamos mediante nuestras decisiones que este es realmente nuestro estado natural. Estamos constantemente batallando con esta proclividad hacia el pecado y a hacer nuestra propia voluntad. Como lo expone Pablo, todos estamos ahora *"muertos en nuestras transgresiones"* (Ef. 2:1–5). De esta manera, para que Jesús fuera el "Cordero de Dios" sin mancha ni pecado, no solo tenía que vivir una vida sin pecado, sino que también tenía que nacer sin naturaleza de pecado ni ninguna mancha de la culpa de Adán. El nacimiento virginal y la concepción mediante el Espíritu Santo resuelven este dilema; por un lado, al asegurar que Jesús es totalmente humano al provenir del vientre de su madre al igual que lo hicimos todos nosotros. Más, por otro lado, al ser concebido del Espíritu Santo, Jesús no está manchado con el pecado de Adán y, por lo tanto, puede venir al mundo como el Segundo Adán. Jesús puede re-crear las decisiones que tomó Adán y escoger la obediencia en donde el primer Adán escogió la rebeldía.

Esta frase del Credo de los Apóstoles confiesa el gran misterio de la encarnación. Una manera de ilustrar este misterio se encuentra en la Plaza Trafalgar en Londres. El monumento central en esa gran plaza es la Columna de Nelson. Horacio Nelson es, por supuesto, el gran héroe naval del siglo 18 en la historia británica. En 1805, derrotó a la flota francesa y española en Trafalgar, lo cual es aún considerado una de las victorias navales más grandiosas en la historia delmundo. Sin embargo, Nelson fue herido mortalmente en la batalla y murió en el barco poco después de haber escuchado las noticias de la victoria. Con el propósito de honrarlo, los británicos construyeron la Plaza Trafalgar y erigieron una columna inmensa con la estatua de Nelson en la parte de arriba. Sin embargo, la columna y la estatua son tan altas (¡51 metros, 58 centímetros!), que un visitante a la plaza no puede en realidad distinguir a Nelson. Los visitantes a la Plaza Trafalgar no tienen idea de cómo es la apariencia de Nelson. Así que, los británicos, hicieron una réplica exacta, un duplicado de la imagen de Nelson, a nivel del suelo para que los visitantes puedan mirarlo a los ojos y verlo cara a cara. Esta es una imagen de la encarnación. El Dios Trino es tan alto y exaltado que no podemos conocerlo y verlo. Sin embargo, en la encarnación, Dios vino a nosotros en Jesucristo para que pudiésemos contemplarlo cara a cara y ver su gloria. En aquel conmovedor momento en el Aposento Alto, Jesús les dice a sus discípulos, justo antes de su pasión, que tiene que dejarlos y regresar a su Padre. Les dice en Juan 14:6: *"Yo soy el camino, la verdad y la vida. Nadie llega al Padre sino por mí"*. Felipe se hace oír y dice, *"Señor, muéstranos al Padre"*. Jesús dice, *"el que me ha visto a mí, ha visto al Padre"*. Él es la imagen o réplica exacta del Padre en cuerpo humano. La palabra "encarnación" significa literalmente en la carne. En Jesús, vemos a Dios en la carne. Este es el glorioso misterio y verdad confesada por el Credo de los Apóstoles: "Creo en Jesucristo, su único Hijo, Señor nuestro, que fue concebido del Espíritu Santo, nació de la Virgen María".

En la historia irrumpió, el Espíritu lo concibió;
Nació de María virgen, sierva humilde que creyó.

CAPÍTULO CUATRO

Padeció bajo el poder de Poncio Pilato; fue crucificado, muerto y sepultado

Lucas 23:23–35; Juan 19:18–20; Hechos 4:10; 1 Cor. 15:3, 4; Heb. 2:5–18

Seis de las doce afirmaciones del Credo de los Apóstoles se enfocan en Jesucristo. En sí mismo, este es un testimonio sorprendente de la centralidad de Jesucristo en la enseñanza y predicación tempranas de los Apóstoles. Ellos reconocieron que en Jesucristo algo enteramente único había ocurrido en la raza humana. Toda la vida, ministerio, obra y pasión de Jesús apuntan a esta verdad extraordinaria: en Jesucristo, Dios mismo vino milagrosamente a nuestro mundo y caminó entre nosotros. El Credo proporciona los dos sujetalibros, por así decirlo, de este sorprendente misterio: el nacimiento milagroso y la muerte milagrosa de Jesús. Primeramente, el Credo habla del nacimiento milagroso de Jesús. Luego el Credo salta hacia la culminación milagrosa de su vida en su crucifixión: "sufrió bajo el poder de Poncio Pilato, fue crucificado, muerto y sepultado". No debemos, en absoluto, tomar este rápido movimiento del nacimiento de Cristo a su muerte, como indicación de que su enseñanza, vida ética, milagros o cualquier otro aspecto de su ministerio público, no fueron importantes para la iglesia primitiva. Más bien, se nos recuerda que el Credo de los Apóstoles solo enmarca los grandes eventos de Dios en Jesucristo, reconociendo que la Iglesia tiene mucho más para proclamar, enseñar y predicar que lo que está contenido en el Credo de los Apóstoles. El mensaje de la Iglesia es mucho más que el Credo de los Apóstoles. Lo que busca el Credo es recordarnos, sin embargo, el mensaje de la Iglesia nunca puede ser menos que el Credo, el cual es el centro irreducible del mensaje cristiano.

En el corazón del mensaje cristiano hay una proclamación de la centralidad de la muerte de Jesús. Así que, intentemos responder a la pregunta: ¿Por qué Jesús tenía que morir? Responder a esta pregunta nos lleva a examinar las profundidades mismas del mensaje cristiano. De hecho, la cruz es el símbolo central del cristianismo. Aislada del mensaje cristiano, la cruz no es más que un símbolo de sufrimiento, vergüenza, tortura, castigo y muerte. Para el cristiano, la cruz simboliza la gran intersección de la santidad de Dios con la gracia de Dios en la crucifixión de Cristo. La santidad de Dios demandaba que se tenía que pagar por los pecados; ¡la gracia de Dios proveyó el pago por nosotros! Los musulmanes dicen que es blasfemo siquiera pensar en Dios viniendo a la tierra o en Dios muriendo—para ellos es solo una gran y escandalosa blasfemia. Para los cristianos, la muerte de Cristo es la fuente de nuestra más grande celebración e himnos. Carlos Wesley escribió:

"Dejando el trono paternal, su gracia tan inmensa fue; que allí de todo se vació, menos de su infinito amor, que por la errante humanidad, sin condiciones nos brindó. ¡Inmenso amor! ¿Cómo entender que así muriera Dios por mí?"

Robert Lowry también escribió:

"En el Monte del Calvario fuentes de infinito amor aquel gran día se abrieron. ¡Oh, qué inmerecido don! Cual gran río, de lo Alto, sin cesar Su Amor fluyó sobre el mundo derramando paz, justicia y compasión."

En Hebreos 2:5-18 tenemos una de las mejores respuestas a esta pregunta. En este pasaje el escritor busca responder las preguntas: Si Jesús es el Señor del universo, entonces, ¿por qué fue sujeto a tal horrible sufrimiento? Si Jesús realmente es Dios encarnado, el resplandor de la gloria de Dios, la representación exacta de su ser que sostiene todas las cosas por la Palabra de su poder, entonces, ¿por qué permitió Dios que fuera sometido a esta terrible y dolorosa experiencia? Si Jesús realmente es superior a los ángeles, ¿por qué lo vemos en tal estado de humillación en la cruz? Expresado directamente, ¿por qué tenía que morir Jesús? Esta es la pregunta clave. Jesús tenía que morir sobre la cruz por tres razones.

Primero, murió para que su muerte resultara en beneficio de todos. Hebreos 2:9 dice: *"Así, por la gracia de Dios, la muerte que él sufrió resulta en beneficio de todos"*.

Una de las verdades más poderosas de la fe cristiana y de la cruz de Cristo es el hecho de que Jesús tomara nuestro lugar. El nombre formal para esto es la *expiación sustitutiva*. En pocas palabras, Cristo murió en la cruz como sustituto suyo y mío. Él tomó nuestro lugar. Somos pecadores y, por lo tanto, nos hemos unido voluntariamente a la rebelión de Satanás contra Dios. En la justicia de Dios, él nos ha declarado culpables y el castigo es la muerte. Romanos 6:23 declara que *"la paga del pecado es muerte"*. En otras palabras, hemos sido sentenciados a muerte por nuestros pecados. Somos esposados, sacados de la Corte y llevados a la cámara de ejecución. Somos asegurados con correas y preparados para morir. De pronto, recibimos la noticia de que el mismo juez que nos declaró culpables, ha permitido que su Hijo muera en nuestro lugar como sustituto. Pablo dice en 1 Corintios 15:3, *"Porque ante todo les transmití a ustedes lo que yo mismo recibí: que Cristo murió por nuestros pecados según las Escrituras, que fue sepultado"*. Esta es la fuente en las Escrituras del lenguaje mismo del Credo. Cada frase del Credo de los Apóstoles proviene directamente de la Escritura. Jesús murió por nuestros pecados—como sustituto. Jesús murió para que no tengamos que experimentar la muerte espiritual.

Segundo, Jesús murió para expresar solidaridad con la raza humana, haciéndonos a todos una sola familia (Heb. 2:10–13).

Toda la encarnación, desde el nacimiento hasta la muerte de Jesús, refleja su solidaridad con la raza humana. Aprendemos justicia y obediencia por medio de toda la vida de Jesús. Cuando Jesús nació, el mismo acto de pasar por el canal de parto y nacer en este mundo con trauma y dolor, es una expresión de solidaridad sorprendente. Es un misterio que no podemos comprender plenamente. Más tarde, siendo adulto, Jesús se paró en el río Jordán y se presentó ante Juan el Bautista para ser bautizado. Juan se opone y dice, *"yo necesito ser bautizado por ti"*. Pero Jesús le respondió y dijo, *"Dejémoslo así por ahora, pues nos conviene cumplir con lo que es justo"* (Mat. 3:15). Jesús no necesitaba ser bautizado debido a algún pecado en su vida, pero su misión lo llamaba a mostrar solidaridad con la raza humana—identificándose verdaderamente no solo con nuestra experiencia humana, hambre y lágrimas—sino que también con nuestro pecado y nuestra muerte. *"Al que no cometió pecado alguno, por nosotros Dios lo trató como pecador, para que en él recibiéramos la justicia de Dios"* (2 Cor. 5:21). Luego, Hebreos 2:9 continúa diciendo, *"sin embargo, vemos a Jesús, que fue hecho un poco menor a los ángeles, coronado de gloria y honra por haber padecido la muerte. Así, por la gracia de Dios, la muerte que él sufrió resulta en beneficio de todos"*.

En este contexto, tenemos que entender lo que significa cuando el siguiente versículo (Heb. 2:10) dice que era conveniente que el Padre *"perfeccionara mediante el sufrimiento al autor de la salvación de ellos"*. Cristo encarna la justicia perfecta, la obediencia perfecta. Cuando la Biblia dice que Jesús es "perfeccionado" mediante el sufrimiento, no significa que él no fuera perfecto o santo. En el mundo antiguo se distinguía entre la obediencia no probada y la obediencia probada, entre la fortaleza no probada y la fortaleza probada. Por ejemplo, si alguien fuera un hombre muy fuerte y poderoso, con un gran escudo, una enorme y afilada espada, tremendos bíceps y largos brazos, y todo lo demás imaginable, podríamos concluir: "He aquí un guerrero fuerte y poderoso. No deseo tener un enfrentamiento con él". Ahora, los antiguos dirían, en efecto, quizás sí, quizás no. Nunca sabremos con certeza si alguien es un guerrero poderoso hasta que haya sido probado en una batalla real. Sería como mirar un hermoso carro antes de que usted, en efecto, le haga una prueba de manejo. La prueba está en el manejo. Para un guerreo, la prueba está en la lucha. Si peleaba y demostraba que, en verdad, todo lo que decía de sí mismo era cierto, entonces, sus afirmaciones eran perfeccionadas o confirmadas. Esto se refleja en 1 Reyes 20:11 donde el rey de Israel le dice a Ben Adad: *"Díganle que no cante victoria antes de tiempo"*. Proverbios similares ocurren en toda la literatura judía.

Jesús, el eterno Hijo de Dios, fue perfecto y sin pecado, pero nunca había sido tentado. Nunca había estado sujeto al sufrimiento. Sin embargo, en la encarnación Jesús experimentó la tentación, el sufrimiento y toda clase de pruebas. Por esta razón, el escritor declara que fue perfeccionado *"mediante el sufrimiento"* (Heb. 2:10). Por medio de la encarnación, la perfección de Jesús fue *confirmada*, no solo en teoría en los cielos, sino en la práctica al hacer frente a las batallas en nombre nuestro.

En *Cristianismo . . . ¡y nada más!*, C. S. Lewis hace un comentario útil en el sentido de que solamente una persona que ha resistido la tentación conoce el poder total de la tentación. Si usted cede regularmente, y aun rápidamente, a la tentación, entonces, no conoce en realidad su poder total. Solamente alguien que haya resistido hasta el final mismo y nunca haya cedido, comprende verdaderamente el poder de la tentación. Desde esa perspectiva, solamente Jesús conoce el verdadero poder de la tentación, ya que solamente Jesús ha resistido en verdad la tentación hasta el final, y nunca sucumbió a ella (*Cristianismo . . . ¡y nada más!*, Miami, Editorial Caribe, 140).

Tercero, Jesús murió para destruir al que tiene el poder de la muerte, es decir, el diablo (Heb. 2:14).

Al mundo moderno le gusta minimizar cualquier noción de pecado, maldad o del demonio. Uno de los pocos beneficios del 11 de setiembre del 2001, fue que llevó a la gente a recobrar desesperadamente algo de nuestro vocabulario moral perdido. No fuimos capaces de reclamar las palabras *"pecado"* y *"demonio"*, pero al menos recobramos la palabra *"maldad"*. Hablando francamente, nuestro mundo nunca recobrará palabras como *"pecado"* y *"Satanás"* sin la revelación de la Biblia. La Escritura nos recuerda que existe una personalidad detrás de la rebelión a la que nos hemos unido. Esta personalidad es conocida como Satanás o el diablo.

La primera epístola de Pedro 5:8 dice: *"Su enemigo el diablo ronda como león rugiente, buscando a quién devorar"*. El mal no es tan solo una vaga bruma que sopla sobre nuestro mundo o la influencia colectiva de estructuras sociales. El mal se encarna y el dominio de la maldad se extiende y avanza, por medio de personalidades reales. Satanás supervisa una vasta red de poderes demoniacos; Satanás es la cabeza del reino diabólico. Satanás es servido por grandes fuerzas de oscuridad conocidas en la Escritura como principados y potestades. Esta es la razón por la cual el apóstol Pablo dice: *"Porque no tenemos lucha contra sangre y carne, sino contra principados, contra potestades, contra los gobernadores de las tinieblas de este mundo, contra huestes espirituales de maldad en las regiones celestes"* (Ef. 6:12).

Vemos en este texto que la victoria de Cristo fue personal, no impersonal. Cristo confrontó personalmente los poderes de este mundo de tinieblas. Satanás había tentado a Adán y Eva en el Jardín, desencadenando una rebelión en la raza humana. Satanás es la cabeza de la rebelión. Jesús vino no solo para derrotar la idea del mal o incluso para dominar la capacidad de pecar en nuestras vidas, sino para derrotar y destruir a Satanás. Esta batalla tuvo lugar en el escenario de la historia humana. Esta es la razón por la que el Credo de los Apóstoles dice: *"padeció bajo el poder de Poncio Pilato"*. Pilato es una figura definida y conocida en la historia humana que tomó decisiones que inconscientemente dieron apoyo a los principados y potestades satánicos que se habían desplegado en oposición a Dios y su pueblo. Jesús no padeció de manera efímera o en un plano sobrenatural. Jesús padeció en la historia real. Fue entregado a la crucifixión con la mediación de un amplio rango de decisiones humanas que participaron en maldad, incluyendo líderes religiosos y políticos como Poncio Pilato. Al igual que la presencia de María en el Credo nos recuerda el poder de las decisiones humanas para obedecer, la inclusión de Pilato en el Credo nos recuerda las tremendas consecuencias cuando tomamos decisiones que se oponen a la voluntad de Dios. Esto no es una película. Esto no es sencillamente una proyección de las aspiraciones humanas sobre lo que puede ser un Dios amoroso y que se sacrifica a sí mismo. El Credo está arraigado en eventos históricos reales a través de los cuales Dios interactúa en el escenario de la historia humana, y personas como usted y yo tomamos decisiones reales para obedecer o desobedecer. ¡Qué verdad más sorprendente! Solo piense en cómo esto da poder y trae alegría a cada día de nuestras vidas.

Padeció bajo Pilato, con crueldad murió en la cruz;
Nuestra deuda ha pagado, hoy vivimos en la luz..

CAPÍTULO CINCO

Descendió a los muertos

Lucas 23:43; Ef. 4:4, 6:12; 1 Pedro 3:18–20

La frase *"Descendió a los muertos"* o, en algunas versiones, *"Descendió a los infiernos"* ha preocupado a algunos cristianos modernos que no se han tomado el tiempo para estudiar la historia o significado de esta frase. Muchos himnarios de la Iglesia Metodista Unida, en efecto, han omitido esta frase del Credo, aunque en el actual *United Methodist Hymnal* [Himnario Metodista Unido], se incluye la versión ecuménica tradicional junto con la versión corregida moderna (881, 882). Sin embargo, cada palabra y frase del Credo fueron cuidadosamente escogidas. Ninguna frase puede ser desechada como innecesaria. Lo que es más importante, ninguna denominación o grupo tiene la autoridad para cambiar o enmendar un credo, porque los credos históricos y ecuménicos (Credo de los Apóstoles y Credo Niceno) pertenecen a toda la Iglesia en todo el mundo y en todos los tiempos. Las denominaciones pueden escribir y adoptar, si así lo deciden, declaraciones particulares de fe que afirmen creencias o prácticas específicas de una denominación. Pero hay una distinción importante entre un credo y una declaración de fe. Por un lado, un credo es una declaración histórica que es afirmada por todos los cristianos a lo largo del tiempo y se aplica a todas las iglesias en todo lugar. Por otro lado, una declaración de fe podría incluir puntos de vista más específicos con respecto al bautismo, hablar en lenguas, gobierno eclesiástico, rapto, etcétera, que no necesariamente serían compartidos por todas las iglesias en todo el mundo.

La frase *"Descendió a los muertos"* se refiere al período entre la muerte de Cristo y su resurrección. La iglesia primitiva no entendía la muerte de Cristo el viernes y su resurrección el domingo, como dos eventos separados (como frecuentemente son entendidos y considerados por los cristianos modernos). Más bien, entendían que todo el drama se desarrollaba como un evento continuo. Para la mayoría de los cristianos, el viernes santo y el domingo de resurrección tienen gran significado, pero no estamos tan seguros de la forma en que están conectados por el sábado santo. El entendimiento bíblico, sin embargo, es que después de que Jesús murió en la cruz por nuestros pecados, descendió al lugar de los muertos, y se desarrollaron eventos importantes y redentores durante todo el tiempo subsiguiente a su muerte, culminando en su resurrección el domingo en la mañana.

Según la Escritura, hay tres eventos claves que sucedieron en el Seol, que es el nombre judío para el lugar de los muertos.

Primero, Jesús proclamó el evangelio a las personas de todos los tiempos que están esperando su liberación completa. Seol es un término muy general y es la designación tanto para el lugar de tormento como para el paraíso. Jesús descendió al Seol o el lugar de los muertos. A veces esta frase del Credo se traduce como "descendió a los infiernos" o, más generalmente, "descendió a los muertos". Esta última traducción más general es probablemente preferible porque la palabra *"infierno"* está asociada solamente con el lugar de tormento para los muertos no creyentes. Sin embargo, el Seol contenía a ambos, los justos y los malvados. Allí en el lugar de los muertos, Jesús predicó el evangelio. La primera epístola de Pedro 3:18–20 describe este descenso y proclamación de Jesús en el sábado santo, entre su muerte y su resurrección:

Porque Cristo murió por los pecados una vez por todas, el justo por los injustos, a fin de llevarlos a ustedes a Dios. Él sufrió la muerte en su cuerpo, pero el Espíritu hizo que volviera a la vida. Por medio del Espíritu fue y predicó a los espíritus encarcelados, que en los tiempos antiguos, en los días de Noé, desobedecieron, cuando Dios esperaba con paciencia mientras se construía el arca.

Después de la crucifixión Jesús descendió al lugar de los muertos y predicó. El texto hace referencia específica a aquellos muertos que vivieron antes del diluvio, pero la Iglesia generalmente ha entendido esto como un indicativo de que Jesús predicó a las personas de todos los tiempos, no solo a aquellos que habían muerto recientemente. Es una forma de decir que "aún las personas de la antigüedad" escucharon esta proclamación.

En la tradición cristiana posterior (aunque no se menciona en las Escrituras), se puso un gran énfasis en la llegada de Jesús al Hades como el segundo Adán para rescatar al primer Adán, como una manera de demostrar simbólicamente el poder de la redención de Jesús para rescatar la raza humana y el carácter decisivo de su victoria sobre Satanás. San Efrén el sirio (303–373) fue uno de los grandes escritores de himnos de la Iglesia primitiva, llegando a escribir cientos de himnos cristianos. Muchos de sus himnos celebran el descenso de Jesús al infierno y su confrontación con Satanás. Uno de los himnos de Efrén dice que Satanás se rehusó a liberar a Adán porque no había sido bautizado, ni estaba cubierto por la sangre derramada de Jesús. En ese momento de vuelta en la tierra, el soldado que deseaba probar que Jesús estaba verdaderamente muerto, le metió una lanza en su costado y *"al instante le brotó sangre y agua"* (Juan 19:34). La sangre y el agua que brotaron, canta Efrén, bautizaron a Adán y la sangre cubrió los pecados de Adán. Esto, por supuesto, no tiene la intención de ser una descripción literal de lo que sucedió, ni siquiera intenta ser una interpretación adecuada del agua y la sangre que brotaron del costado de Jesús. Más bien, Efrén está recurriendo al rico simbolismo de este evento para enfatizar un elemento teológico más amplio y correcto: que la muerte de Jesús tuvo un alcance cósmico que afectó a toda la raza humana.

Segundo, el descenso a los muertos expresa la victoria completa de Jesucristo sobre Satanás y todos los principados y potestades de maldad. Esto es conocido en la tradición cristiana como "el expolio del infierno".

Satanás pensó que la crucifixión de Jesús fue su victoria más grande sobre Dios y su plan redentor. En el momento de la muerte de Jesús y el descenso a los muertos, Satanás se da cuenta por primera vez que la muerte de Jesús fue en verdad el plan de Dios. En Colosenses 2, el Apóstol Pablo describe esto cuando declara que a la hora de la muerte de Jesús, él *"desarmó a los poderes y a las potestades"* y *"los exhibió públicamente, triunfando sobre ellos en la cruz"* (2:15). Este versículo no es una referencia a las autoridades políticas humanas, sino a las fuerzas espirituales de maldad (Ef. 6:12).

Tercero, el descenso a los muertos une a Jesús con los santos de todos los tiempos en su gloriosa ascensión. Efesios 4:8 declara: *"Cuando ascendió a lo alto, se llevó consigo a los cautivos y dio dones a los hombres"*. Esta idea de llevar "cautivos" es en verdad una referencia positiva a los que han sido "capturados" por Cristo y traídos a su tren de victoria o celebración de la victoria. Pablo continúa diciendo: *"¿Qué quiere decir eso de que 'ascendió', sino que también descendió a las partes bajas, o sea, a la tierra?"* (Ef. 4:9). Cuando Jesús ascendió al cielo, no llegó solo, sino que lo hizo con todos los redimidos de todos los tiempos, declarando: *"Aquí me tienen, con los hijos que Dios me ha dado"* (Heb. 2:13).

Es claro que, aunque este es uno de los aspectos más descuidados del ministerio de Jesús, el descenso al lugar de los muertos es crucial para nuestra comprensión general de la forma en que la muerte y resurrección de Jesús, pueden tener implicaciones de largo alcance en la redención del mundo y la derrota de Satanás y sus fuerzas cósmicas. Debemos de ver el sábado santo, que está entre el viernes santo y el domingo de resurrección, como un mecanismo que unifica estos dos grandes hechos de Dios en un solo evento glorioso de poder y redención.

Descendiendo a los muertos, a los suyos reclamó;
Liberando a los cautivos, a Satán ya destronó.

CAPÍTULO SEIS

Al tercer día resucitó de entre los muertos

Mateo 28:1–10; Hechos 2:22–36, 4:8–10; 1 Cor. 15:3–8

La resurrección de Jesucristo de entre los muertos es la proclamación central de la Iglesia. ¡Servimos a un salvador resurrecto! A lo largo de los años, diferentes grupos han tratado de reenfocar el mensaje central de la Iglesia en otra cosa. Algunos han tratado de hacer que la ética de Jesús o su vida ejemplar sea la proclamación central de la Iglesia. Sabiamente, la Iglesia ha rechazado esto y el centro de nuestro mensaje al mundo aún es la cruz y la resurrección de Jesucristo.

En este devocional deseo resaltar tres cosas sobre la resurrección de Jesucristo.

Primero, la resurrección es la demostración pública de la victoria de Dios sobre el pecado, la muerte y el infierno. La resurrección es el signo de exclamación de Dios sobre su victoria triunfante, coronando el hecho redentor de la cruz y el descenso a los muertos o el expolio del infierno. La resurrección reivindica las afirmaciones de Jesús de que él es la resurrección y la vida

(Juan 11:25). La resurrección reivindica nuestra proclamación de que cualquier persona que pone su confianza en Jesús será salva (Juan 10:9; Hechos 11:14, 15:11, 16:31). Creer en Jesús no significa simplemente creer que él vivió o creer que fue un destacado maestro ético, o incluso que fue un hacedor de milagros. La mayoría de los musulmanes, hindúes y budistas creerían todas estas cosas acerca de Jesús. Lo distintivo de la fe cristiana es que creemos que Jesús es el Señor resurrecto. Nosotros creemos que la muerte y resurrección de Jesús testifican públicamente de la victoria de Dios sobre los poderes del pecado, la muerte y el infierno. Sabemos que somos perdonados porque el poder del pecado ha sido quebrantado por medio de la resurrección de Jesús de entre los muertos.

Segundo, la resurrección de Jesús es la garantía o "primicia" de nuestra futura resurrección corporal. El cristianismo, a pesar de todo lo que se dice popularmente en sentido contrario, no cree que Dios esté sencillamente "salvando almas". Dios está salvando todo tu ser—tu cuerpo, tu alma, tu mente y tu espíritu. Dios redime a la persona integral. Esto se aparta radicalmente de la idea griega o gnóstica que minimiza la importancia del cuerpo y cree que solamente nuestras almas son liberadas a una vida superior. Esta la razón por la que usamos la palabra *"resurrección"* y no solo *"resucitación"*.

Jesús no tuvo simplemente una experiencia de resucitación como la tuvo Lázaro. Jesús fue resurrecto. Esto significa que no fue simplemente traído de regreso de la muerte, sino que obtuvo la victoria sobre la muerte y asumió un nuevo cuerpo de resurrección. Lázaro fue traído de regreso de la muerte, al igual que lo fueron al menos siete otras personas en la Biblia (el hijo de la viuda de Sarepta [1 Reyes 17:17–22], el hijo de la mujer sunamita [2 Reyes 4:30–37], los huesos de un muerto [2 Reyes 13:21], Lázaro [Juan 11:38-44], la viuda del hijo de Naín [Lucas 7:11-17], la hija de Jairo [Mateo 8:28-43], Eutico [Hechos 20:7-12] y Dorcas [Hechos 9:36-42]. Sin embargo, ninguna de estas personas recibió un cuerpo de resurrección. Lázaro, Dorcas la hija de Jairo y los otros eventualmente volvieron a morir. Jesús, por otro lado, es la primicia de la resurrección general al final de los tiempos. Esto significa que Jesús ha recibido verdaderamente su cuerpo de resurrección, así como nosotros lo recibiremos al final de los tiempos. En la primera epístola de Pablo a los Corintios, señala que precisamente debido a que Jesús ha sido resurrecto, tenemos la seguridad de que algún día seremos también resurrectos y, al igual que Jesús, recibiremos cuerpos glorificados. Esta es la razón por la que Pablo declara: *"Lo cierto es que Cristo ha sido levantado de entre los muertos, como primicias de los que murieron"* (1 Cor. 15:20). Esto significa que Jesucristo es el pionero, o el primero, garantizando así que se tendrá una cosecha completa al final de los tiempos.

Tercero, la resurrección de Jesucristo es lo que hace singular al cristianismo entre todas las religiones del mundo. Hoy en día la gente dice comúnmente que todas las religiones son básicamente lo mismo. Pero, el Apóstol Pablo enseña que la resurrección de Jesús es la principal característica distintiva del cristianismo. De hecho, va más allá para decir que si Jesús no resucitó, nuestra predicación es totalmente inútil, como lo sería también nuestra fe (1 Cor. 15:14). Si Cristo no resucitó somos mentirosos (1 Cor. 15:15), estamos aún en nuestros pecados (1 Cor. 15:17) y seríamos dignos de lástima porque no tendríamos esperanza para el futuro (1 Cor. 15:19). Pablo gustosamente coloca toda la credibilidad del evangelio cristiano sobre la veracidad de la resurrección de Jesucristo. Sin la resurrección, el evangelio cristiano no sería en verdad tan diferente del

Islamismo, el Hinduismo o el Budismo. Seríamos tan solo otra religión humana que se esfuerza por dar sentido a la trascendencia de Dios, pero la diferencia es que la fe cristiana no es meramente una religión humana. Más fundamentalmente, el cristianismo es una proclamación global de hechos específicos e históricos que han ocurrido, los cuales demuestran el poder, la gracia y el amor de Dios. No estamos sencillamente difundiendo ideas religiosas que inspiren a la raza humana. El cristianismo no es un opiato pragmático que nos ayuda a afrontar mejor la vida. Estamos proclamando eventos históricos sobre los que se determina la historia entera del mundo. Ciertamente, estos hechos tienen un efecto transformador sobre la manera en que vivimos, pero la gran proclamación del evangelio es sobre quién es Dios y lo que ha hecho. Buda está en la tumba. Mahoma está en la tumba. Confucio está en la tumba. Jesús es el Señor resurrecto. La resurrección de Cristo es la razón por la que cantamos aquel gran himno:

Rey de la vida es él, del mundo el vencedor, quien a la muerte despojó de todo su terror; En el poder vivid de su resurrección; glorioso el día llegará de plena redención.

¡Servimos a un Salvador vivo! Nuestra predicación no es en vano porque Él es el Señor Resucitado. Poseemos un mensaje para proclamar. Ese mensaje no es otra idea religiosa, es la Persona del Señor Jesucristo. Lo proclamamos a Él (Col. 1:28)!

De la tumba victorioso, triunfante resucitó;
Conquistando las primicias de la nueva creación.

Ascendió al cielo y está sentado a la diestra de Dios Padre Todopoderoso

Mat. 22:44, 26:64; Marcos 14:62; Lucas 24:50–53; Hechos 1:11, 2:33; Heb. 1:3, 10:12–13

Imagine un juego final de la Serie Mundial. Cada equipo ha ganado tres juegos y este es el último juego. Es la parte baja de la novena entrada. El equipo local está en el plato de bateo y el marcador está siete a cuatro en su contra. Aunque está tres carreras abajo, las bases del equipo local están llenas. A esta altura del juego, ya no hay necesidad de los asientos del estadio porque todas las personas están de pie alentando y gritando. El equipo contrario trae a su mejor lanzador de cierre. Es la parte baja de la novena entrada, dos outs, bases llenas, cuenta completa, tres bolas, dos strikes. El equipo visitante está a un lanzamiento de ganar la Serie Mundial. La multitud está de pie animando. El nombre del bateador es Jesús. Viene el lanzamiento, luego el movimiento de bateo, el sonido del bate y, en un segundo, todos se dan cuenta de que se trata de un cuadrangular, no solo un cuadrangular ordinario, sino el cuadrangular con las bases llenas que gana el juego. ¿Se puede imaginar lo que sucede mientras él corre por todas las bases y finalmente llega al plato de home (casa)? Todo el equipo corre y lo saluda al llegar. Todos saltan de alegría. Los jugadores se apilan uno encima del otro porque ese cuadrangular lo ganó todo: la victoria está asegurada, se ganó el juego, la celebración puede comenzar.

¿Qué tiene que ver esto con el Credo de los Apóstoles? Bien, una de las observaciones más curiosas sobre la Iglesia cristiana es sobre el descuido de la doctrina de la ascensión de Cristo. Nos enfocamos demasiado en el nacimiento, muerte y resurrección de Cristo; ¿por qué descuidamos su ascensión? Regresando a la analogía del juego de béisbol, el nacimiento de Jesús es la primera base, su muerte en la cruz es la segunda base, su resurrección es la tercera base. ¿Por qué no celebramos el recorrido completo que lleva a Jesús a casa, es decir, hasta la base de destino? En el mismo momento en que Satanás estaba tan seguro de su victoria, Jesús bateó el cuadrangular con las bases llenas. Esto era, hablando espiritualmente, la parte baja de la novena entrada con dos outs y ya las luces han sido apagadas. Sin embargo, Jesús batea el cuadrangular de bases llenas y, espiritualmente hablando, nos lleva a todos a casa, o sea, a la base de destino junto con él. El Credo de los Apóstoles nos evoca la importancia de recordar y celebrar la victoria total de Cristo, y eso significa la Ascensión de regreso al cielo para sentarse a la diestra de Dios Padre Todopoderoso.

Muchos de ustedes tal vez conozcan un canto popular que celebra el ciclo completo de Jesús, que viene desde el cielo a la tierra y regresa al cielo otra vez. El coro es:

Dejaste el trono para mostrarnos la luz, de tu trono a la cruz y mi deuda pagar,
De la cruz a morir, de la muerte a tu trono, tu nombre levantaré.

¡Este coro del músico cristiano Rick Founds proporciona el cuadrangular con las bases llenas! Sin embargo, por más que nos guste este canto, creo que el mejor himno sobre la Ascensión se llama *"Su gloria celebrad"* de Carlos Wesley.

Celebremos, del Señor, la gloriosa ascensión;
Cristo que entre nos vivió, a los cielos retornó.
Ya su gloria celebrad y las puertas elevad;
Victorioso entra el Rey, aclamado por su grey.
Ved las manos del Señor, llevan signos de su amor;
Desde su eternal mansión hoy nos dan su bendición.
Oh Señor, el corazón mucho anhela tu visión,
¡contemplar tu rostro allí! ¡nuestro cielo se halla en ti!

¡Servimos a un Señor resurrecto y ascendido! Esto es lo que el escritor de Hebreos quiere decir cuando se refiere a que Jesús *"ha atravesado los cielos"* (Heb. 4:14). El autor se refiere a la ascensión de Cristo. El libro de Hebreos nos dice tres cosas que necesitamos saber sobre el Señor ascendido.

Primero, él está esperando (función profética).

Jesús ha estado esperando por casi dos mil años y siguen sumándose. Este tiempo de espera que daban los profetas en el Antiguo Testamento es una de las características descuidadas. Una vez que los profetas habían comunicado su mensaje, esperaban para ver si las personas se arrepentían o si endurecían sus corazones. No pensamos frecuentemente en Dios en términos de estar esperando, pero este es el lenguaje de la misma Escritura. Jesús espera que se complete la consumación total de su victoria. La victoria ha sido asegurada, pero no todos la ven, conocen o creen. Todos hemos escuchado historias acerca de soldados japoneses que estaban aún peleando la Segunda Guerra Mundial años después de que Japón se había rendido. El mundo está en una situación similar. Jesús es el Señor resurrecto que está sentado a la diestra de Dios Padre Todopoderoso. Pero no todos conocen o reconocen su victoria. Muchos permanecen en conflicto con el señorío de Jesucristo.

Hebreos 10:12b–13 dice: *"Se sentó a la derecha de Dios, en espera de que sus enemigos sean puestos por estrado de sus pies"*. Jesús espera para que la consumación, realización o conclusión total de su obra sea plenamente conocida. La Escritura dice que vendrá el día en que *"se doble toda rodilla en el cielo y en la tierra y toda lengua confiese que Jesucristo es el Señor, para gloria de Dios el Padre"* (Fil. 2:10–11).

Segundo, él está intercediendo (función sacerdotal).

Jesús cumple con el sacerdocio judío. Los sacerdotes eran los únicos apartados por Dios para entrar en el lugar santísimo con el propósito de interceder en nombre del pueblo. Esto lo hacían mediante la oración y el ofrecimiento de la sangre de sacrificio sobre el propiciatorio del arca del pacto. Ninguna persona ordinaria, ni siquiera una persona judía ordinaria, podía presumir de ser un sacerdote. Según la ley, solamente los miembros de la tribu de Leví podían ser sacerdotes. Pero aún aquellos sacerdotes solo podían realizar ciertas funciones (sacrificio de animales, cuidado del templo, distribuir el dinero para ayudar a los pobres, etc . . .). Solamente una cierta clase de levitas quienes eran descendientes directos de Aarón, el hermano de Moisés, podían llegar a ser Sumos Sacerdotes. Solo el Sumo Sacerdote podía entrar en el lugar santísimo y solo lo podía hacer una vez al año en el Día de la Expiación.

Hebreos declara siete razones por las cuales el sacerdocio de Jesús es superior al sacerdocio judío. Lea cuidadosamente cada una de estas razones y tome un momento para reflexionar en ellas. Estos pensamientos profundizarán su aprecio por la grandeza del sacerdocio de Jesucristo.

(1) El sacerdocio judío se basa en linaje humano, mientras que el sacerdocio de Jesús se basa en el poder de su vida indestructible (Heb. 7:16).

(2) El sacerdocio judío era temporal, mientras que el sacerdocio de Jesús es permanente (Heb. 7:27, 10:6).

(3) El sacerdocio judío solamente entraba a un lugar santo terrenal, mientras que el sacerdocio de Jesús entra a los cielos, a la misma presencia del Padre (Heb. 8:1–2).

(4) El sacerdocio judío tenía que hacer sacrificio por sus propios pecados y luego por los del pueblo, mientras que el sacerdocio de Jesús es puro porque él no tiene pecado (Heb. 7:23–25).

(5) El sacerdocio judío ofrecía sacrificios que tenían que repetirse una y otra vez, mientras que el sacerdocio de Jesús ofrece el sacrificio de sí mismo de una vez por todas (Heb. 10:1–4).

(6) Los sacerdotes judíos ofrecían sacrificios que no tenían en verdad poder alguno para quitar el pecado, mientras que Jesús se ofrece a sí mismo como el sacrificio puro (Heb. 10:11).

(7) Los sacerdotes judíos eran del orden de Aarón y solo podían interceder por sus compatriotas judíos, mientras que Jesús es un sacerdote para todos los pueblos y naciones del orden de Melquisedec (Heb. 5:6, 7:17).

Un profeta es aquel que se presenta ante el pueblo y proclama la Palabra de Dios para ellos. Un sacerdote, por el contrario, se presenta ante Dios e intercede en nombre del pueblo. Jesús es tanto, el profeta perfecto como el sacerdote perfecto. Como el sacerdote perfecto, Jesús es el intercesor perfecto. La Escritura declara que Jesús cumple con su función, diciendo: *"Ahora bien, como a aquellos sacerdotes la muerte les impedía seguir ejerciendo sus funciones, ha habido muchos de ellos; pero como Jesús permanece para siempre, su sacerdocio es imperecedero. Por eso también puede salvar por completo a los que por medio de él se acercan a Dios, ya que vive siempre para interceder por ellos"*

(Heb. 7:23–25). Es verdaderamente sorprendente pensar que Jesús vivió en esta tierra por treinta y tres años, pero ha estado intercediendo por su Iglesia por más de dos mil años.

Tercero, él está reinando (función de rey).

La Escritura dice que cuando Jesús ascendió *"se sentó a la derecha de Dios"* (Marcos 16:19; Heb. 1:3, 10:12, 12:2; Mat. 26:64; Marcos 14:62; Lucas 22:69; Hechos 2:33, 5:31, 7:55s; Romanos 8:34; 1 Pedro 3:22; Apoc. 5:1, 7). La posición de Jesús con Dios es un tema muy dominante en la Escritura y ese preciso lenguaje fue llevado al Credo. Esta función de Jesús, sentado a la derecha de Dios el Padre, donde hace intercesión por nosotros, es conocida como la *sesión del Hijo*. ¿Qué significa para nosotros que Jesús esté sentado en el trono a la derecha del Padre? Este lenguaje expresa que Jesús gobierna y reina sobre todos. Él es soberano en poder, gloria y majestad. Su soberanía es la razón por la que el Apóstol Pablo dice que llegará el día en que *"se doble toda rodilla"* y *"toda lengua confiese que Jesucristo es el Señor, para gloria de Dios el Padre"* (Fil. 2:10–11). Cristo gobierna y reina, lo cual explica la razón por la que la confesión de fe más temprana en la Iglesia, era la frase de cuatro palabras: "Jesús es el Señor" (1 Cor. 12:3).

Ahora, cuando pensamos en Jesús gobernando y reinando a *"la derecha de Dios"*, no debemos pensar en términos espaciales, como si Jesús está sentado en una gran silla en un gran salón del trono en el cielo. O, al menos, no debemos pensar en ello solamente en esos términos. *"La derecha de Dios"* es un concepto mucho más amplio que simplemente una ubicación física. Estas palabras son una manera de expresar que Jesús está activamente presente y extiende el gobierno y reino de Dios en todo lugar por todo el universo. De tal manera que cuando Jesús se levantó de entre los muertos y ascendió, reasumió el ejercicio pleno de su privilegio como la segunda persona de la Trinidad. Cuando Jesús se encarnó, aceptó las limitaciones espaciales de un cuerpo humano. Si Jesús estaba en Galilea, no podía estar físicamente en Nazaret. Hoy en día, Jesús es omnipresente en su Iglesia y, de hecho, en todo lugar donde *"dos o tres estén reunidos"* en su nombre (Mat. 18:20). De esta manera, cuando Jesús ascendió al cielo, ascendió de aquí a todo lugar, no simplemente de aquí a otro localidad. Esta es la razón por la cual la presencia de Jesús puede estar con nosotros cuando oramos, así como estar en comunión íntima cuando recibimos la Santa Cena, etcétera.

En conclusión, la ascensión de Cristo trae a casa, o sea, a la base final, el poder pleno de la encarnación, muerte y resurrección de Jesús, revelando la manera en que Jesús cumple con la función de profeta, sacerdote y rey. ¡Es un cuadrangular con las bases llenas!

Ascendió hasta los cielos, hasta la diestra de Dios;
por nosotros intercede hasta la consumación.

CAPÍTULO OCHO

*De donde vendrá a juzgar
a los vivos y a los muertos.*

Juan 5:22; 2 Tim. 4:1; 1 Cor. 3:11–15; 1 Tes. 4:13–18; 2 Tes. 1:5–10

Introducción

Bob Munford, un popular maestro de la Biblia, una vez compartió cómo había experimentado un sueño muy perturbador. En el sueño vio su Biblia descansando sobre el escritorio en su estudio. Él se sentó y abrió su Biblia, solo para darse cuenta que, en el sueño, de alguna manera había sido cambiada. Era una Biblia muy inusual. Aunque tenía todos los mismos libros, algunas páginas de la Biblia eran inmensas, mucho más grandes de lo que se podría esperar. Sin embargo, al pasar las páginas de su Biblia, en el sueño, se encontró con otras páginas que eran muy pequeñas. Al seguir hojeando las páginas de su Biblia, vio que toda la Biblia estaba así, algunas páginas de tamaño muy grande y otras tan minúsculas que difícilmente las

45

podía leer. Luego, en el sueño, notó que el Señor le hablaba, diciendo: "¡Bob predica la Palabra, no solo tus partes favoritas!" Luego, Bob se despertó del sueño. Me pregunto, ¿cómo lucirían nuestras Biblias si fueran milagrosamente cambiadas para reflejar los versículos que leemos y citamos, y los versículos que pasamos por alto?

Los seres humanos tenemos una tendencia natural a evitar las partes difíciles y desafiantes de la Escritura, y solo leer los pasajes edificantes y alentadores. El énfasis actual en iglesias "sensibles al buscador" algunas veces ha reforzado este problema. Algunas iglesias planifican servicios tipo "casa en el campo" (de la canción en inglés "Home on the Range"). Esto se refiere a servicios donde todo es feliz y "rara vez se escucha una palabra desalentadora". Pero el Credo de los Apóstoles nos llama a recordar todo el evangelio, no solamente nuestras partes favoritas. Esta frase del Credo de los Apóstoles nos recuerda que Jesús *"vendrá a juzgar a los vivos y a los muertos"*. Espero que este devocional nos ayude a ver que este no es tan solo un tema que no debemos ignorar, sino que también es una de las doctrinas más preciosas de la Iglesia. De hecho, el juicio de Dios contra los malvados y su decreto soberano de corregir todas las cosas que han sido distorsionadas por el pecado y la maldad, es una gran fuente de esperanza para los cristianos. Lejos de no desear hablar sobre el juicio justo de Dios, debemos anhelarlo, esperarlo con expectación y encontrar en él una fuente de consuelo y paz.

El regreso de Cristo

La primera parte de la frase, *"de donde vendrá"*, se refiere al hecho de que en algún momento Jesucristo se manifestará y toda la historia humana y terrenal como la conocemos tendrá su fin. Este final será inaugurado mediante el regreso glorioso de Jesucristo. Jesús mismo dijo que *"La señal del Hijo del hombre aparecerá en el cielo, y se angustiarán todas las razas de la tierra. Verán al Hijo del Hombre venir sobre las nubes del cielo con poder y gran gloria"* (Mat. 24:30). Continúa diciendo que habrá un gran llamado de trompeta y enviará a sus ángeles a reunir su Iglesia desde todos los confines de la tierra (Mat. 2:31). El Apóstol Pablo enseña la misma verdad en 1 Tesalonicenses 4:15–16 cuando dice: *"el Señor mismo descenderá del cielo con voz de mando, con voz de arcángel y con trompeta de Dios, y los muertos en Cristo resucitarán primero"*. Su regreso será personal y físico. Pablo se refiere al regreso de Cristo como la *"bendita esperanza"* de la Iglesia (Tito 2:13).

Un regreso único y unificado

Algunos cristianos enseñan que el regreso de Cristo será en dos etapas -un regreso secreto "por sus santos" y, después de algunos años de tribulación, un regreso público "con sus santos". Esta idea ha sido popularizada recientemente por la serie *Dejados Atrás*. A pesar de la popularidad de esos libros, es importante señalar que es remota la probabilidad de que una doctrina de un rapto secreto sea enseñada en la Escritura. De hecho, docenas y docenas de referencias bíblicas hacen difícil sostener dicha doctrina, aun cuando es muy popular y ampliamente creída. Es cierto que en el momento del glorioso regreso de Cristo seremos tomados—o raptados—para encontrarnos con Jesús en las nubes. Esta reunión celestial nos da una imagen de lo que todos hacemos cuando alguien importante viene de visita y llega al aeropuerto cercano. Salimos para ir a "encontranos" con la visita y luego regresamos con la visita a nuestra casa. Subimos para "encontrarnos" con el Señor mientras él desciende, pero no de tal forma que somos llevados a algún otro lugar, sino de manera que regresamos con Cristo a una tierra renovada. En otras palabras, el regreso de Cristo es un evento único, grandioso, concluyente y público. La imagen del ladrón que viene en la noche no tiene el fin de enfatizar su secreto, sino, más bien, su *sorpresa*. El mundo no está esperando el regreso de Cristo más de lo que alguien espera que un ladrón llegue en la noche. El punto está en lo inesperado de su regreso. Sin embargo, cuando ocurra, todo ojo lo verá. Su llegada no pasará *inadvertida*. De hecho, la palabra griega usada para describir el regreso de Cristo es *"parousia"*, que significa "aparición gloriosa".

Día del juicio

Jesús regresa para reivindicar a sus santos y para juzgar el mundo. Por esta razón, el Credo de los Apóstoles dice: "de donde vendrá a juzgar a los vivos y a los muertos". El Día del juicio vendrá para todos. En Romanos 14:10 Pablo dice: *"Todos tendremos que comparecer ante el tribunal de Dios"*. Muchos eventos sucederán en el Día del juicio, aunque el orden o secuencia de estos eventos, así como su tiempo, no es completamente claro. Sin embargo, tres aspectos del juicio final son claros.

Primero, el Día del juicio revelará y dará a conocer todos los pecados.
Los secretos del corazón de toda persona serán revelados. Romanos 2:16 dice: *"Así sucederá el día en que, por medio de Jesucristo, Dios juzgará los secretos de toda persona, como lo declara mi evangelio"*. Todo pensamiento, toda palabra ociosa, todo acto—aún aquellos hechos en secreto—se darán a conocer y serán expuestos. Jesús dijo en Lucas 12:2-3: *"no hay nada encubierto que no llegue a revelarse, ni nada escondido que no llegue a conocerse. Así que todo lo que ustedes han dicho en la oscuridad se dará a conocer a plena luz, y lo que han susurrado a puerta cerrada se proclamará desde las azoteas"*. Delitos en los que las personas pensaron que "se habían salido con la suya", de pronto son dados a conocer. Todos los pecados serán revelados y expuestos públicamente. El juicio es en realidad una buena noticia porque significa que todo será "puesto en orden". El juicio se trata de Dios haciendo que todo sea puesto en orden. Hoy día las personas expresan que creen en un "Dios de amor"; por lo tanto, no pueden aceptar la idea de que Dios "juzgará a todas las personas". Sin embargo, es crucial para la doctrina bíblica del amor de Dios que todo sea eventualmente puesto en orden. El amor sin justicia es meramente sentimentalismo.

El Juicio al final de los tiempos tiene que verse y comprenderse dentro del contexto más amplio de que Dios tomó sobre sí, por medio de Cristo, el juicio justo que merecían los pecadores. Jesús llevó nuestros pecados en la cruz. Aceptó el peso completo del veredicto de culpabilidad. Ahora, por medio del evangelio, el mundo entero es invitado a recibir este don de gracia.

Segundo, el Día del juicio reivindicará la fe de la Iglesia. Alabado sea Dios que el registro de los pecados no es el único libro que hay en el cielo. Hay otro libro que contiene un registro de todos aquellos que han puesto su fe en Jesucristo. Para el creyente, el Día del Juicio se transforma de un día de temor y juicio, a un día de reivindicación y gozo. La Escritura dice que el nombre de este otro libro es conocido como el *Libro de la vida del Cordero.* Ese libro revela los nombres de aquellas personas, cuyos pecados ya han sido pagados debido a su confianza en la provisión ofrecida mediante el evangelio de nuestro Señor Jesucristo. La Iglesia será reivindicada, no porque no tengamos pecado, sino debido a nuestra perseverancia en la fe. Esta verdad es celebrada en el canto que dice: "Él pagó una deuda que no debía, yo debía una deuda que no podía pagar, ¡Jesucristo vino y mis pecados limpió!"

Tercero, se darán recompensas justas al pueblo de Dios. Dios honrará a aquellos que han servido fielmente a Cristo. No se nos dice la naturaleza exacta de estas recompensas, pero el Apóstol Pablo escribe en 1 Corintios 3 que todo aquello que hayamos hecho o dicho como cristianos, será sujeto de alguna clase de fuego santo. Este fuego probará, como en un horno, la verdadera calidad de nuestras obras. Esta evaluación no es una prueba de los no creyentes, porque todas sus obras caen al suelo, ya que la Biblia dice que cualquier cosa que no sea hecha como producto de la fe, es pecado. Por lo tanto, los muertos no creyentes no tienen recompensa, solo pueden esperar el juicio eterno. Sin embargo, no todos los creyentes han vivido delante de Dios con el mismo grado de fidelidad y esto, también, se dará a conocer.

Pablo comienza por establecer que solo se está refiriendo al creyente cuando dice: *"porque nadie puede poner un fundamento diferente del que ya está puesto, que es Jesucristo. Si alguien construye sobre este fundamento, ya sea con oro, plata y piedras preciosas, o con madera, heno y paja, su obra se mostrará tal cual es, pues el día del juicio la dejará al descubierto. El fuego lo dará a conocer, y pondrá a prueba la calidad del trabajo de cada uno. Si lo que alguien ha construido permanece, recibirá su recompensa, pero si su obra es consumida por las llamas, él sufrirá pérdida. Será salvo, pero como quien pasa por el fuego"* (1 Cor. 3:11–15). Esta no es una prueba para salvación. No podemos salvarnos a nosotros mismos por medio de buenas obras. Solamente Cristo puede salvarnos. Sin embargo, hemos sido salvados para buenas obras. Pablo dice: *"Porque por gracia ustedes han sido salvados mediante la fe . . . es el regalo de Dios . . . Porque somos hechura de Dios, creados en Cristo Jesús para buenas obras"* (Ef. 2:8–10).

Así que, regocijémonos en este día por la grandiosa provisión que Dios ha hecho en Jesucristo. Pero, también recordemos que la buena nueva del evangelio no es solo que somos salvos, sino que también podemos descansar en paz sabiendo que, a pesar de todo el mal y la maldad que hay en el mundo, algún día Dios hará que todo sea puesto en orden.

Jesucristo volverá y juzgará a la humanidad;
Luego al mundo cambiará y sobre ellos reinará.

CAPÍTULO NUEVE

Creo en el Espíritu Santo

Juan 15:26, 16:7–14; Hechos 2:1–4, 13:2

La siguiente frase del Credo de los Apóstoles, *"Creo en el Espíritu Santo"*, coloca a la Trinidad decididamente en el corazón de la proclamación cristiana. El Credo comienza, "Creo en Dios Padre *Todopoderoso*", y luego afirma, "y en *Jesucristo*, su único Hijo, Señor nuestro". Ahora, el Credo afirma, "Creo en el *Espíritu Santo*". Esta es la coronación gloriosa de la proclamación cristiana. La Trinidad no es un tipo de doctrina especulativa que solamente los teólogos discuten. La Trinidad yace en el corazón de nuestra fe y adoración. Sin la Trinidad todas las doctrinas fundamentales del cristianismo serían incoherentes.

Para apreciar el papel del Espíritu Santo y la Trinidad, tenemos que ver cómo finalmente se reconcilian dos verdades gemelas sobre Dios. Por un lado, Dios es sublime y santo. Habita en luz inaccesible. Por otro lado, este mismo Dios de poder y santidad majestuosos e inefables, también se ha revelado a nosotros en ternura y compasión. El mismo Dios que reveló su santidad también declara: *"¿Puede una madre olvidar a su niño de pecho, y dejar de amar al hijo que ha dado a luz? Aun cuando ella lo olvidara, ¡yo no te olvidaré! Grabada te llevo en las palmas de mis manos"* (Isa. 49:15-16). Dios mismo resume estas verdades gemelas cuando habla por medio del profeta Isaías y declara: *"Yo habito en un lugar santo y sublime, pero también con el contrito y humilde de espíritu"* (Isa. 57:15). Dios habita en dos lugares: en el lugar sublime y santo, y también en el lugar de humildad y sencillez.

La Trinidad como el concepto más alto de Dios

Solamente la doctrina de la Trinidad tiene la capacidad de abarcar la totalidad de estos misterios gemelos. Por medio de la Trinidad, el Padre reina en majestad desde su trono, aun mientras su Hijo, en humildad, sufre y muere en la cruz. Estoy convencido de que una iglesia que no predique el Dios triuno, aun cuando hablara de Jesús regularmente, perderá eventualmente una perspectiva correcta de la verdadera santidad de Dios. De hecho, para la mayoría de personas hoy día, sentirse maravillados no se expresa sino con mucha dificultad. Para muchos cristianos, Dios ha sido domesticado y puesto en una caja de tal forma que lo podamos sacar cuando lo necesitamos. Como comentó Philip Yancey, hemos domesticado ángeles hasta el punto de tenerlos como juguetes de peluche y adornos de navidad. Hemos hecho chistes de Pedro en las puertas del cielo y hasta la Pascua ha sido domesticada y transformada en hierba plástica verde y conejitos. El sobrecogimiento de los pastores y la reverencia de los sabios de oriente han sido intercambiados por un alegre Santa Claus, pequeños renos y duendes. Incluso se refieren al Dios Todopoderoso como a "el de arriba". La adoración se ha convertido en sinónimo de música. Necesitamos tener una perspectiva renovada de la gloria y majestad del Dios triuno.

La Trinidad es también importante porque revela que la misma naturaleza de Dios es relacional. Dios tiene relaciones eternas consigo mismo. Los Puritanos solían decir que "Dios es una dulce sociedad en sí mismo". El Islam enseña que Dios es solitario y no tiene interés en revelarse a nosotros. El Hinduismo cree que la concepción más alta de Dios es abstracta e impersonal. El Budismo no cree en un Dios absoluto, solamente en seres inferiores iluminados. La Trinidad es única para la proclamación cristiana. La Trinidad es solo una versión resumida de la Tri-unidad, es decir, tres en uno. La Iglesia cree que Dios se ha revelado en tres distinciones eternas, Padre, Hijo y Espíritu Santo, pero que estos tres son Uno. Un Dios en tres personas, bendita Trinidad.

¿Qué significa para la Iglesia confesar su fe en el Espíritu Santo?

Primero, el Espíritu Santo reviste la Iglesia con la autoridad de Dios. El Espíritu Santo no es meramente una fuerza impersonal. Más bien, el Espíritu Santo es la presencia autoritativa y empoderadora del Dios viviente. El evangelio no se detiene en la cruz, la resurrección y ascensión de Cristo. El evangelio continúa desarrollándose en la venida del Espíritu en Pentecostés. El Espíritu Santo es el recordatorio continuo de que Dios no solo ejerce autoridad sobre el mundo, sino que también tiene autoridad para actuar en el mundo.

El Espíritu nos empodera y nos santifica para el servicio y el testimonio efectivos (Hechos 2). El Espíritu intercede con nosotros y dentro de nosotros, enseñándonos la oración efectiva (Rom. 8). El Espíritu Santo nos enseña, instruye y amonesta al leer las Escrituras (Juan 16:13). El Espíritu aplica y nutre los frutos del Espíritu (que es el carácter de Cristo) en nuestras vidas—amor, gozo, paz, paciencia, amabilidad, fidelidad, humildad y dominio propio. El Espíritu nos da dirección y guía en la vida (Hechos 13:2, 16:6; Rom. 8:14). De hecho, nuestras vidas, nuestras vocaciones, nuestro mismo aliento, se convierten en un reflejo radiante de la obra de Dios en y por medio de su Espíritu.

Aun antes de convertirnos en cristianos, el Espíritu convence al mundo de pecado. No tendríamos consciencia de pecado aparte del ministerio del Espíritu Santo. El Espíritu Santo es el que toca a la puerta de nuestros corazones y nos baña en la gracia preveniente de Dios, recordándonos que necesitamos un salvador. Si usted es cristiano, no tuvo el poder para abrir la puerta de su corazón a Jesucristo sin el impulso y la capacitación del Espíritu Santo. Pablo dice: *"estaban muertos en sus transgresiones y pecados"* (Ef. 2:1). El pecado no es meramente una atadura que impide nuestro progreso. Estamos muertos y no tenemos poder para salvarnos a nosotros mismos, a menos que el Espíritu Santo intervenga con la gracia previniente de Dios en nuestras vidas, capacitándonos para escuchar el evangelio y poner nuestra fe en Jesucristo.

Segundo, el Espíritu Santo empodera a la Iglesia para la misión global. Justo antes de su ascensión, Jesús le dice a sus discípulos que esperen hasta que hayan sido *"bautizados con el Espíritu Santo"* (Hechos 1:5). Jesús continúa diciendo que recibirán poder y serán testigos en los confines de la tierra (Hechos 1:8). Por medio del Espíritu Santo las personas de la Iglesia son empoderadas para ser testigos efectivos de Cristo. Tenemos la responsabilidad de llevar el evangelio a todo pueblo o grupo restante en todo el mundo. Los estudios estiman que hay aproximadamente veinticuatro mil grupos étnicos distintos en el mundo. Miles de esos grupos aun no tienen un testimonio creíble del evangelio. Casi un billón de personas en el mundo nunca han escuchado las buenas nuevas de Jesucristo.

Tercero, el Espíritu Santo extiende la irrupción de la Nueva Creación por medio de manifestaciones poderosas de señales y prodigios y santidad de vida. El ministerio de la Iglesia es reflejar el ministerio de Jesús. El Espíritu trae el todavía no al ahora. Esto significa que las futuras realidades que normalmente asociamos solo con el cielo (sanidad, reconciliación, liberación, etc.) ya están irrumpiendo en el mundo por medio del Espíritu. Hombre y mujeres son sanados por el poder de Dios. Ellos experimentan reconciliación el uno con el otro. El pobre y oprimido recibe esperanza. El pecado es traído bajo convicción. La redención es forjada.

¿Sorprende que el Apóstol Pablo nos exhorte en Efesios 5:18 a que *"no se emborrachen con vino . . . al contrario sean llenos del Espíritu"*?

Cuando te haces cristiano, las primeras dos cosas que debes hacer son: ser bautizado en agua y luego orar para recibir la plena morada del Espíritu Santo.

En la Trinidad creemos, tres en uno, un solo Dios,
En el Padre y en el Hijo, y el Espíritu también.

CAPÍTULO DIEZ

La santa Iglesia católica, la comunión de los santos

Mat. 16:18; Hechos 13:1–3, 14:21–23; 1 Cor. 12:27–31; Gal. 3:26–29; Heb. 10:25

El Credo de los Apóstoles convierte a la Iglesia en un artículo de fe: creemos en la santa Iglesia católica. Esta afirmación significa que creemos en la Iglesia de la misma manera en que *creemos* en la muerte de Cristo o su resurrección. Esta creencia es importante ya que hace que la Iglesia trascienda el hecho de ser una simple organización humana con ciertas funciones, como predicar, discipular o alimentar al hambriento. Por el contrario, la Iglesia es lo que Dios está edificando en el mundo. La Iglesia es la obra divina de Dios edificada sobre el fundamento de Cristo. Jesús dijo: *"edificaré mi iglesia"* (Mat. 16:18). La Iglesia no existe porque es la organización más eficiente que se nos haya ocurrido, y si podemos pensar en una manera más eficiente de hacer las tareas que la Iglesia hace, entonces, podemos abandonar la Iglesia y comenzar un tipo diferente de organización. ¡No! La Iglesia es lo que Dios está haciendo en el mundo. La Iglesia es una obra divina, la esposa de Cristo, la comunidad reunida de los redimidos.

La Iglesia es la comunidad divinamente establecida, que de por sí ha de exhibir todas las realidades de la era venidera en el presente. En otras palabras, todas las realidades futuras de la Nueva Creación, tales como la reconciliación, adoración, sanidad, gozo, etc., tienen que estar ya presentes en la comunidad que Dios ha establecido, a saber, la Iglesia. La Iglesia no hace meramente estas cosas; la Iglesia es aquello que Dios está edificando para manifestar su presencia y gloria en el mundo.

Esta frase del Credo de los Apóstoles señala dos cualidades de la Iglesia: a saber, que es *santa y católica*. Ser *santo* o *santa* significa ser apartado. La Iglesia ha sido apartada para justicia, piedad y belleza, es decir, una esposa sin mancha para Cristo. La santidad es uno de los mensajes centrales del movimiento Metodista-Wesleyano alrededor del mundo. Lutero y los primeros reformadores del siglo 16 enseñaron la doctrina de la *justicia ajena*. Esta doctrina significa que somos salvos solamente por medio de la justicia de Cristo y que mediante la fe Dios nos imputa o nos da por medio de su gracia justicia de Cristo. Somos, por lo tanto, *justos* o *santos* pero solamente porque Cristo es justo y santo. El énfasis en la santidad, sin embargo, nos recuerda que la *justicia ajena* no es la última palabra de Dios para la Iglesia. Es cierto que somos justificados mediante la acción de Dios imputándonos la justicia de Cristo. Esta justicia es algo extraño o ajeno a nosotros. Sin embargo, la salvación es más que justificación. La justicia, para Wesley, era algo más que Dios viéndonos a través de un par diferente de anteojos. La justicia ajena tiene que convertirse en justicia propia. La justicia imputada tiene que convertirse en justicia de la cual nos apropiamos. La justicia declarada tiene que convertirse en justicia encarnada, realizada en nosotros no por nuestra propia fuerza, sino mediante el poder del Dios vivo. La Iglesia no ha de ser solamente "declarada santa", tenemos que ser santos.

La segunda palabra usada describir la Iglesia es la palabra *católica*. Esta palabra ha sido malinterpretada porque las personas con frecuencia la confunden como una referencia a la Iglesia Católica Romana. Sin embargo, la palabra *católica* en este contexto significa *universal*. El Credo debe de mostrar la palabra católica con c minúscula, no con C mayúscula, lo cual implicaría que se trata de la Iglesia Católica Romana. Nuestra confesión es que la Iglesia de Jesucristo ha emergido de los pañales provincianos de nuestro origen judío y es ahora un movimiento global de todas las lenguas, tribus y naciones. En esta sección del Credo, recordamos que, primero que todo, no somos metodistas, bautistas, presbiterianos o pentecostales. Primeramente somos cristianos. Pertenecemos al cuerpo de Cristo en todo el mundo y que se extiende atrás en el tiempo y el espacio en todo lugar. Esta es la razón por la que al Credo de los Apóstoles se le llama credo ecuménico y no una declaración de fe. El Credo no dice nada sobre los aspectos particulares de ser cristianos bautistas, metodistas o, aún, de los católico-romanos. Esto no significa que estas distinciones no sean importantes—incluyo vitalmente importantes. Sin embargo, lo que si significa es que estas distinciones son secundarias a nuestra primera identidad como cristianos.

La frase "la comunión de los santos" es, al igual que la palabra *católica*, otro indicador de nuestra identidad con todos los cristianos en todo lugar y a través del tiempo. Mientras que la palabra *católica* enfatiza nuestra identidad global con todos los cristianos alrededor del mundo, la "comunión de los santos" enfatiza nuestra conexión espiritual con la Iglesia a través del tiempo y del espacio. Estar "en comunión" con alguien significa estar espiritualmente conectados en un compañerismo bajo el señorío de Jesucristo. En el Nuevo Testamento compartir comunión o compañerismo con alguien significa tres cosas.

Primero, compartir compañerismo significa que compartimos una confesión común. Todos afirmamos la proclamación apostólica del señorío de Jesucristo. El Apóstol Juan pregunta: "*¿Quién es el mentiroso sino el que niega que Jesús es el Cristo? Es el anticristo el que niega al Padre y al Hijo. Todo el que niega al Hijo no tiene al Padre; el que reconoce al Hijo tiene también al Padre*" (1 Juan 2:22–23). Cuando los grupos liberales de la actualidad dejan de confesar y proclamar el señorío y supremacía de Jesucristo, están, en efecto, quebrantando el compañerismo o comunión con los santos a través del tiempo.

Segundo, estar en comunión con los santos se refiere a una conexión mística que tenemos los unos con los otros y con Cristo, ya que somos llamados el "cuerpo de Cristo" (Col. 1:18). Pablo expresa esto cuando dice que: "*también nosotros, siendo muchos, formamos un solo cuerpo en Cristo, y cada miembro está unido a todos los demás*" (Rom. 12:5). La idea de estar místicamente conectados como un "cuerpo" a la jefatura de Cristo o "estar unidos a todos los demás" expresa un nivel más profundo de comunión que no apreciamos frecuentemente como cristianos. No somos tan solo creyentes individuales que hemos sido bautizados, que confesamos nuestra fe en Cristo y que tenemos "una relación personal con Cristo". Este lenguaje no es incorrecto. Más bien, este lenguaje es demasiado débil, demasiado tibio para expresar la totalidad de la visión bíblica de lo que significa ser llamados y adoptados en la familia de Dios.

Tercero, la frase "comunión de los santos" nos recuerda que la Iglesia no es, en su esencia, una institución o alguna estructura burocrática con un complejo organigrama. La Iglesia es una comunidad de *personas* redimidas. Contrario y a pesar del lenguaje popular, no podemos *ir* a la iglesia. Este lenguaje es ajeno a la Escritura. Más bien, nos reunimos *como* Iglesia (1 Cor. 11:18). Cuando somos bautizados, no confesamos meramente nuestra fe personal en Cristo al ser bautizados "en Cristo". También somos bautizados *en su cuerpo* (Rom. 6:3–4). Nos conectamos unos con los otros. Esto también se expresa en la Cena del Señor la cual es, muy correctamente, conocida con frecuencia como la *comunión*. Esto significa que cuando participamos de la Cena del Señor, no solo estamos reforzando nuestra comunión o conexión con Cristo, sino que también nuestra conexión el uno con el otro. Por esto, no venimos a la Cena del Señor si no estamos viviendo en perdón y reconciliación con nuestros hermanos y hermanas en Cristo.

Esta porción del Credo de los Apóstoles celebra nuestra *unión* como cristianos bajo el señorío de Jesucristo. Luchamos fuertemente contra los vientos contrarios del sectarismo, individualismo y desunión denominacionales. El Credo es la manera gentil de Dios de recordarnos aquello que nos une.

Creo en la santa Iglesia por quien Cristo padeció;
Santos todos por doquiera compartiendo en comunión.

CAPÍTULO ONCE

El perdón de los pecados

Mat. 26:28; Lucas 7:48, 24:47;
Hechos 2:38, 5:31, 10:43, 13:38, 26:18; Col. 1:14; Heb. 9:22

Hasta este punto, el Credo de los Apóstoles ha declarado lo que Dios es y lo que ha hecho. Por ejemplo, afirmamos que Dios Padre Todopoderoso creó los cielos y la tierra, y que Jesucristo sufrió bajo Poncio Pilato, etc. A esto podríamos llamar noticias, incluso, noticias divinamente reveladas. Sin embargo, en este punto del Credo vemos que estas son buenas noticias para *nosotros*. Ahora nos damos cuenta de las implicaciones de todas las acciones de Dios por nosotros: perdón de pecados y vida eterna. Este capítulo se enfoca en la frase: "el perdón de los pecados".

El Antiguo Testamento había hecho provisión para los pecados, pero era algo parcial e incompleto. Cuando los creyentes del Antiguo Testamento sacrificaban un toro o una cabra en presencia de Dios, era como firmar un pagaré con un banco. El documento es firmado hoy, prometiendo un pago total en algún momento en el futuro. La definición de pagaré es: "una promesa escrita para pagar, en un momento determinado, una cantidad de dinero a un individuo específico". Usted recibe los beneficios inmediatamente, pero ha prometido un pago futuro. Si usted no cancela la deuda en ese determinado punto en el futuro, entonces, se vuelve moroso y lo que ha recibido se le quitará e incurrirá en multas o encarcelamiento.

Esto es exactamente lo que Dios hizo en el Antiguo Testamento. Esencialmente dijo que hay millones de personas que van a vivir antes de la venida de su Hijo, Jesucristo. Tenía que hacerse provisión para ellos; pero sería como un pagaré. El perdón se concedería ya, pero estaría vinculado a un pago futuro. El Señor dice, en efecto, que aceptaría temporalmente la sangre de toros y cabras ofrecida por fe en el Templo por medio del sacerdocio. Sin embargo, la sangre de los toros y cabras anticipa y, de hecho, requiere, un pago futuro. Hebreos 10:4 es muy explícito: *"Ya que es imposible que la sangre de los toros y de los machos cabríos quite los pecados"*. Imposible—aun cuando las Escrituras lo ordenaban. Hebreos 10:11 dice: "Todo sacerdote celebra el culto día tras día ofreciendo repetidamente los mismos sacrificios, que nunca pueden quitar los pecados". ¿Por qué? Porque la sangre de los toros y las cabras no era en realidad un pago por los pecados; era una promesa de un pago futuro. La sangre animal servía como una prenda a Dios en el presente —ofrecida en fe—de que una provisión futura saldaría la deuda.

De tal forma que, aun cuando los creyentes del Antiguo Testamento experimentaron perdón, sus pecados no fueron quitados o lavados. Fueron cubiertos y pasados por alto temporalmente en anticipación de un pago futuro. Ese pago futuro vino por medio de Jesucristo. Así que, desde esta perspectiva nos damos cuenta de que los creyentes del Antiguo Testamento no fueron salvados mediante algún medio alternativo, como frecuentemente se asume que fue el caso. Abraham, Noé, Daniel y Ezequías, y todos los demás santos del Antiguo Testamento, fueron salvados precisamente de la misma manera en que nosotros lo somos: es decir, *por medio de Jesucristo y su muerte en la cruz*. La única diferencia es que ellos tuvieron pagarés y tuvieron que morir en anticipación de un futuro pago, mientras que nosotros podemos mirar hacia atrás a un pago que ya ha sido efectuado. En ese sentido es diferente, pero la provisión de Jesucristo obró tanto hacia atrás como hacia adelante en el tiempo. (Esta es una de las razones por las que Jesús descendió al Hades como lo discutimos en el Capítulo cinco. Él anunció que todos los sacrificios hechos en fe ya habían sido pagados en su totalidad). Si Cristo no hubiera muerto en la cruz, todo sacrificio en el Antiguo Testamento estaría en estado moroso y toda oración de fe que hayamos orado estaría también morosa. El resultado habría sido equivalente a una masiva bancarrota espiritual y global porque no se habría encontrado a nadie que pagara la deuda.

Es por esto que aún creyentes judíos devotos, que fueron los primeros seguidores de Cristo, vieron que la Ley era solo *"una sombra de los bienes venideros, y no la presencia misma de estas realidades"* (Heb. 10:1). El escritor de Hebreos continúa para demostrar la razón por la que el perdón en el Antiguo Testamento es dependiente de la obra posterior de Cristo en la cruz y que no puede valerse por sí mismo aparte de Cristo.

Primero, los sacrificios tenían que repetirse incesantemente, mientras que Cristo se ofreció a sí mismo de una vez por todas. La Escritura dice:

"*Pero este sacerdote, después de ofrecer por los pecados un solo sacrificio para siempre, sentó a la derecha de Dios (Padre)*" (Heb. 10:12), porque "*con un solo sacrificio ha hecho perfectos para siempre a los que está santificando*" (10:14).

Segundo, los sacrificios meramente cubrían el pecado, no lo quitaban en realidad. En el Antiguo Testamento la palabra "*expiación*" significa "*cubrir*", mientras que en el Nuevo Testamento la palabra "*perdón*" significa "quitar o extraer".

Tercero, el Antiguo Testamento se centra en perdonar hechos externos de desobediencia, mientras que el Nuevo Testamento se centra en limpiar el corazón de toda culpa y vergüenza. El Antiguo Testamento se centra en perdonar actos de rebelión. El Nuevo Testamento se centra en restaurar una relación quebrantada. El Antiguo Testamento es simbolizado por las tablas de piedra y el pesado velo que separaba el lugar santísimo de los adoradores. Estas son cosas externas. El Nuevo Testamento se centra en la transformación del corazón humano y restaurar al creyente a una comunión íntima con Dios y su Iglesia. El Nuevo Testamento es el cumplimiento de la promesa: "*Este es el pacto que después de aquel tiempo haré con el pueblo de Israel … Pondré mi ley en su mente, y la escribiré en su corazón*" (Jer. 31:33). Este versículo es una referencia al poder del perdón que nos limpia interiormente, nos hace santos y nos llena con el Espíritu Santo, la divina presencia de Dios en la vida del creyente.

¿Cómo respondemos a estas increíbles buenas nuevas hechas posible por medio de la muerte de Jesús en la cruz? Jesús primero declara estas buenas nuevas y luego nos dice cómo responder. Nosotros, como el pueblo perdonado y reconciliado de Dios, respondemos perdonando a aquellos que han pecado contra nosotros. Recuerde, Jesús está determinado a que seamos semejantes a él. Nosotros, que hemos sido perdonados, nos asemejamos a él cuando nos convertirnos en perdonadores. De hecho, si no perdonamos a los que pecan en contra nuestra, entonces, no hemos en verdad escuchado las buenas nuevas de nuestro propio perdón. Dios no solo está reconciliando pecadores individuales consigo mismo, nos está reconciliando los unos con los otros y, de hecho, en última instancia con toda la creación.

Jesús cuenta la parábola en Mateo 18 de un hombre que le debía a un rey lo que, en nuestra moneda, sumaría millones de dólares. Este hombre fue puesto en la cárcel, junto con su esposa e hijos, pero se arrodilló y rogó por misericordia. El rey tuvo compasión de él y canceló toda la deuda. El rey declaró que la deuda de aquel hombre estaba completamente perdonada y fue sacado de la cárcel. Pero al salir de la cárcel y caminar por la calle, se encontró con un hombre que le debía el equivalente a tres dólares. Hacía tan solo unos pocos minutos se le habían perdonado millones, pero respondió a esas buenas nuevas asfixiando a aquel que le debía tres dólares y exigiéndole todo el pago. Cuando el rey supo esto, se indignó tanto que hizo que arrestaran otra vez al hombre malvado y lo puso de vuelta en la cárcel adonde pertenecía, porque, muy obviamente, desde un principio no había recibido en verdad la extraordinaria dádiva.

Nosotros demostramos que hemos recibido perdón al convertirnos en perdonadores. Por esto Efesios 4:32 dice: "*perdónense mutuamente, así como Dios los perdonó a ustedes en Cristo"*. Por esto Colosenses 3:13 dice: *"de modo que se toleren unos a otros y se perdonen si alguno tiene queja contra otro. Así como también nosotros hemos perdonado a nuestros deudores"*. Y consecuentemente nuestro Señor nos enseña en el Padre Nuestro a decir, *"Perdónanos nuestras deudas, como también nosotros hemos perdonado a nuestros deudores"* (Mat. 6:12). Ya lo ven, los dos están vinculados. Por esto Jesús continúa en ese pasaje para decir: *"porque si perdonan a otros sus ofensas, también los perdonará a ustedes su Padre celestial. Pero si no perdonan a otros sus ofensas, tampoco su Padre les perdonará a ustedes las suyas"* (Mat. 6: 14–15). La Escritura deja en claro que nuestra capacidad para recibir el perdón de Dios está vinculada con nuestro perdón de las otras personas.

¿Hay alguien en su vida a quien necesite llamar o escribir y pedirle perdón en este día? Esto podría implicar hacer restitución. ¿Hay alguien a quien usted necesite perdonar? Podría ser alguien que ya murió. Si ese es el caso, aún tiene que hacerlo delante de Dios, declarándoles perdonados. Algunas veces la persona a la que hay que perdonar es uno mismo. Muchas personas pueden aceptar gratuitamente la gracia de Dios en las vidas de otros, pero no la reciben para sí mismos. Escuche las buenas nuevas—en el nombre de Jesucristo, ¡eres perdonado! Suelta esas cadenas que te atan en amargura, temor y falta de perdón. Solamente entonces las buenas nuevas realmente serán buenas nuevas para ti. La provisión ha sido hecha, pero al igual que todo regalo, tienes que recibirlo y abrirlo. La única manera de abrir el regalo del perdón es darlo tú mismo.

El perdón de los pecados alto precio requirió;
Si lo ofreces a los otros honrarás a tu Señor.

CAPÍTULO DOCE

La resurrección del cuerpo y la vida perdurable

Juan 6:39, 10:28, 11:25, 17:2–3; Hechos 24:10–15; 1 Cor. 15:12–58; 1 Tes. 4:16

¡Creo en la resurrección del cuerpo y la vida perdurable! ¡Qué manera tan triunfante para finalizar el Credo de los Apóstoles! Después de todo, el Credo de los Apóstoles no es tan solo una declaración seca y desgastada de doctrinas. ¡Es el resumen histórico de la proclamación de la Iglesia al mundo acerca de las buenas nuevas del evangelio de nuestro Señor Jesucristo! El Credo le recuerda a la Iglesia sobre nuestro destino. Nuestros cuerpos, que yacen en la tumba, será resucitados al final de los tiempos; serán gloriosamente transformados y habitaremos con el Dios triuno para siempre.

Los cristianos creen en la resurrección del cuerpo. Como lo discutimos en el Capítulo seis, no creemos simplemente en un estado espiritual donde nuestras almas viven para siempre. Por el contrario, el cristianismo afirma que toda nuestra vida, que incluye nuestros cuerpos, nuestras almas y nuestros espíritus, será redimida. De hecho, el Apóstol Pablo está tan determinado en establecer el punto de vista cristiano sobre la resurrección, que vincula la resurrección de nuestros cuerpos en el futuro con la resurrección de Jesucristo en el pasado. Pablo enseña que si Cristo no ha sido resucitado, entonces tampoco nosotros seremos resucitados. Si Cristo no ha sido resucitado, entonces no tenemos esperanza. Somos desdichados; estamos aún en nuestros pecados. En 1 Corintios 15:16 Pablo dice: *"Si los muertos no resucitan, tampoco Cristo resucitó"*. Toda la certidumbre de nuestra fe en la resurrección general de nuestros cuerpos, está vinculada a la resurrección corporal de Jesucristo. Esta es la razón por la que el Credo de los Apóstoles declara primeramente: "Al tercer día resucitó de entre los muertos". La resurrección de Cristo es la clave y el fundamento para nuestra resurrección de entre los muertos. En 1 Corintios 15:20 Pablo declara: *"Pero ahora Cristo ha resucitado de los muertos, primicias de los que durmieron"*. Note cómo evita la palabra "muerte", porque la muerte tiene en sí tiene un carácter definitivo—y en Cristo, la muerte no tiene la palabra final. La Biblia habla de la muerte primera y de la muerte segunda. La muerte primera es la que conocemos. Esta muerte se refiere al hecho de que nuestros cuerpos están en decadencia y yendo apresuradamente hacia la tumba. Un día usted se despertará y notará que ya no sube los escalones como solía hacerlo. Podría notar algunas molestias y dolores que antes no estaban. Estos son recordatorios amables de que nuestros cuerpos en su forma actual no están hechos para la eternidad. Podemos teñirnos el pelo, cuidar nuestro peso o hacer ejercicios vigorosamente, pero todos sabemos que nuestros cuerpos en su forma actual están agonizantes. A menos que Cristo regrese durante nuestra vida, algún día moriremos. Esta es la muerte primera. Pero las Escrituras hablan de una muerte segunda en Apocalipsis 20:6. Esta muerte se refiere a la muerte eterna, separados de Cristo. Para el creyente en Cristo, la muerte segunda no tiene poder sobre nosotros. Nuestros pecados ya han sido juzgados en Cristo y se ha pagado por ellos mediante el poder de la cruz. Ya no estamos sujetos al juicio eterno. De tal forma que, una vez que esto ha sucedido, Pablo ni siquiera desea usar la palabra *muerte* para nosotros—simplemente evoca un eufemismo y dice: "los que durmieron". Para nosotros, nuestra muerte física es como dormirnos. En otras palaras, es como dormir en el sentido de que un día nos despertaremos a un nuevo Día, pero no es solo cualquier día es—el Día de Resurrección.

Los cristianos creen que nuestro cuerpo resucitado será un cuerpo esplendoroso y glorioso. Aunque existen aspectos de continuidad entre nuestro cuerpo actual y el cuerpo de resurrección, nuestro nuevo cuerpo será mayormente un cuerpo transformado (1 Cor. 15:35–42). Pablo lo asemeja a un grano de trigo en comparación con todo el tallo. Así como lo tratamos en el Capítulo seis, esto es resurrección, no resucitación.

La resurrección es mucho más que un mejoramiento del cuerpo que tenemos. Esto no se trata de esas famosas escenas de "antes" y "después" de un comercial de dietas. Se trata de una transformación esplendorosa que difícilmente podemos imaginar.

Se siembra un cuerpo corruptible, se resucita un cuerpo incorruptible;
Se siembra en deshonra (enfermedad y debilidad), se resucita en gloria;
Se siembra en debilidad, se resucita en poder;
Se siembra un cuerpo natural, se resucita un cuerpo espiritual.

Su cuerpo de resurrección será incorruptible, no sujeto a deterioro. Será glorioso. Será poderoso. Es llamado cuerpo espiritual, que pone juntas dos palabras en una frase—cuerpo y espíritu. Es una combinación inusual, pero no se trata de una simple existencia espiritual; es una existencia corporal que es vivificada y empoderada constantemente por medio de la vida espiritual de Cristo. Viviremos por siempre porque nuestra vida está ligada a la vida de Jesús y, ya que Dios no puede morir, nosotros no moriremos—sino que disfrutaremos de vida perdurable.

La última frase del Credo expresa nuestra fe en la *"vida perdurable"*. Esa frase no se debe entender como una clase de existencia estática interminable. El hecho de que ya no estaremos sujetos a enfermedad o deterioro no significa que estaremos estáticos. Tener una vida perdurable no significa meramente que nunca más nos enfermaremos y, por lo tanto, nuestros nuevos cuerpos no se desgastarán. Más bien, debemos de ver nuestra eternidad arraigada en el hecho de que hemos sido unidos con Cristo para toda la eternidad. Nuestra unión con Cristo es la fuente de nuestra vida eterna, no tan solo el hecho de que se nos hayan dado nuevos cuerpos realmente buenos.

También, la palabra *"vida"* no significa aquí meramente que continuamos existiendo. Más bien, vida significa que experimentamos la plenituddel propósito original de nuestra creación. En la Nueva Creación participaremos en toda clase de trabajo industrioso, proyectos, invenciones y construcciones como lo hacíamos aquí, *pero sin la presencia de pecado*. Es más, este es el hecho transformador más grandioso sobre la Nueva Creación. No es una existencia de tipo espiritual donde nos sentamos perennemente en una nube con alas de ángeles, o donde estamos de pie por siempre en un servicio de adoración que nunca llega a la bendición. Más bien, debemos de entender que la vida entera se vuelve un acto de adoración y la ausencia de pecado transforma completamente la misma naturaleza de la vida y del trabajo. Seremos liberados hacia una creatividad interminable y descubrimientos más profundos sobre la creación de Dios. Durante toda la eternidad seremos introducidos más y más profundamente en la gloria y misterio plenos de la Trinidad y la auto-revelación de Dios. Aprenderemos a amarlo a Él y los unos a los otros de maneras más y más profundas. En última instancia, seremos como Él es porque, finalmente, lo veremos cara a cara. Como dice Juan: *"Queridos hermanos, ahora somos hijos de Dios, pero todavía no se ha manifestado lo que habremos de ser. Sabemos, sin embargo, que cuando Cristo venga seremos semejantes a él, porque lo veremos tal como él es"* (1 Juan 3:2). Cuando Juan dice que seremos "semejantes a él", no significa que habremos asumido la naturaleza de Dios. Siempre seremos seres creados, totalmente dependientes de la vida de Dios para nuestra existencia. Pero seremos "semejantes a él" en el sentido de que compartimos más y más de su santidad, pureza y gozo.

Todo esto es, por supuesto un gran misterio. Pero, si miramos al mundo y vemos lo que Dios hizo en "seis días como un puñado de polvo", difícilmente podemos imaginar lo que ha preparado para toda la eternidad. ¡No sé si ustedes, pero yo casi no puedo esperar!

Nuestros cuerpos transformados en la gran resurrección;
En adoración perpetua, como nueva creación.

Himno del Credo de los Apóstoles

Himno del Credo de los Apóstoles

1

Creo en nuestro Dios el Padre,
fuente de infinito amor;

De la tierra y del cielo,
es de todo el Hacedor.

2

Creo en Jesús el Cristo,
unigénito, eternal;

Señor, Salvador divino,
suya es toda autoridad.

3

Irrumpió en nuestra historia,
el Espíritu lo concibió;

Nació de virgen María,
sierva humilde que creyó.

4

Padeció bajo Pilato,
con crueldad murió en la cruz;

Nuestra deuda ha pagado,
hoy vivimos en la luz.

5

Descendiendo a los muertos,
a los suyos reclamó;

Liberando a los cautivos,
a Satán ya destronó.

7

Ascendió hasta los cielos,
hasta la diestra de Dios;

Por nosotros intercede
hasta la consumación.

9

En la Trinidad creemos,
tres en uno, un solo Dios;

En el Padre y en el Hijo
y el Espíritu también.

11

El perdón de los pecados
alto precio requirió;

Si lo ofreces a los otros
honrarás a tu Señor.

6

De la tumba victorioso,
triunfante resucitó;

Conquistando las primicias
de la nueva creación.

8

Jesucristo volverá
y juzgará la humanidad;

Luego al mundo cambiará
y sobre ellos reinará.

10

Creo en la santa Iglesia
por quien Cristo padeció;

Santos todos por doquiera
compartiendo en comunión.

12

Nuestros cuerpos transformados
en la gran resurrección;

En adoración perpetua,
como nueva creación.

Sobre el autor

El Dr. Timothy Tennent recibió su M. Div. en 1984 en Gordon-Conwell; un Th. M. en Estudios Ecuménicos, con énfasis en el Islam, en el Seminario Teológico de Princeton; y completó su titulación universitaria en el área de lingüística (TESL) en la Universidad de Georgia. Completó su doctorado en Cristianismo No-occidental con un enfoque en el hinduismo y el cristianismo de India en 1998 en la Universidad de Edimburgo en Escocia. Ha servido once años como profesor de Misiones Mundiales y Estudios Indios en el Seminario Teológico de Gordon-Conwell en South Hamilton, Massachusetts. Ha sido ministro y enseñado en China, Tailandia, Nigeria, Europa Oriental e India. Es ministro ordenado de la Iglesia Metodista Unida y ha sido pastor en iglesias en Georgia y predicado regularmente a través del país.

En 2009, el Dr. Tennent fue nombrado el octavo presidente del Seminario Teológico Asbury. Además de su servicio como presidente del Seminario y profesor de Cristianismo Mundial, es autor de una colección de libros y publicaciones sobre misiones y cristianismo global. También sirve como parte de la facultad del Colegio Teológico Luther W. New Jr. en Dehra Dun, India, donde ha sido docente desde 1989.

Visite la página TimothyTennent.com para seguir el blog del Dr. Tennent,
escuchar sus sermones y mantenerse al tanto de sus obras.
Sígale en Twitter @timtennent.

www.ingramcontent.com/pod-product-compliance
Ingram Content Group UK Ltd.
Pitfield, Milton Keynes, MK11 3LW, UK
UKHW020642070726
13597UKWH00018B/111